中国儿童文学名家评传丛书

蒋风评传

王琦 / 主编　　韩进 / 著

希望出版社

图书在版编目（CIP）数据

蒋风评传. 下 / 韩进著. -- 太原 : 希望出版社，2024. 12. -- ISBN 978-7-5379-9094-3

Ⅰ. I25

中国国家版本馆 CIP 数据核字第 2024EQ7834 号

蒋风评传（下）
JIANGFENG PINGZHUAN（XIA）

韩　进　著

出 版 人：王　琦　　　　　　　项目策划：邢　龙
责任编辑：陈　晨　　　　　　　美术编辑：王　蕾
复　　审：宬源雪　　　　　　　封面设计：王　蕾
终　　审：傅晓明　　　　　　　责任印制：李　林

出版发行：希望出版社
地　　址：山西省太原市建设南路21号
开　　本：880mm×1230mm　1/32　　印　张：9.5
版　　次：2024年12月第1版　　　　印　次：2024年12月第1次印刷
印　　刷：山西人民印刷有限责任公司

书　　号：ISBN 978-7-5379--9094-3　　定　价：78.00元

蒋风（1925.10.08—　），浙江金华人，原名蒋寿康，笔名蒋风。浙江师范大学原校长、教授，中国当代儿童文学理论家、教育家、活动家。

1947年国立英士大学毕业，曾任香港国际新闻社特约记者、《申报》记者。1949年后在浙江省立金华地区人民文化馆工作。1952年起在师范院校从事儿童文学教学与研究至1994年年底离休。1984年从普通教师提拔为浙江师范学院（后文简称"浙江师院"）院长。1985年任浙江师范大学（后文简称"浙江师大"）校长。1989年卸任校长，转任浙江师范大学儿童文学研究所首任所长。离休后继续发挥余热，自费创办"中国儿童文学研究中心"、出版《儿童文学信息》报，免费招收"非学历儿童文学研究生"，举办全国儿童文学讲习会，设立"蒋风儿童文学奖"，以多种形式开展儿童文学阅读推广活动，播撒儿童文学的种子。先后受聘全国师范院校儿童文学教学研究会终身名誉会长、浙江师范大学儿童文化研究院名誉院长、浙江师范大学国际儿童文学馆首任馆长。

1945年发表第一篇儿童文学作品《落水的鸭子》。1956年在浙江师范学院（杭州大学前身）开设儿童文学课程。1957年在《儿童文学研究》发表第一篇儿童文学论文，从此致力于儿童文学教学与研究，出版著述50余种，主要有《中国儿童文学讲话》《儿童文学概论》《中国现代儿童文学史》《中国当代儿童文学史》《世界儿童文学事典》《玩具论》以及多部《中国儿童文学史》。专著《儿童文学概论》获全国首届儿童文学理论奖优秀奖,主编《中国儿童文学大系》(理论卷、诗歌卷)获第五届中国图书奖,主编《玩具论》(修订本)获第二届中国出版政府奖。

个人先后获得"宋庆龄儿童文学奖特殊贡献奖""陈伯吹国际儿童文学奖特殊贡献奖""杨唤儿童文学奖特殊贡献奖",全国师范院校儿童文学研究会"中国儿童文学发展贡献奖""中国民间文学集成突出贡献奖""浙江鲁迅文学艺术奖突出成就奖"以及"亚洲儿童文学理论贡献奖""亚洲儿童文学交流发展贡献奖""国际格林奖"。中宣部首批德业双馨哲学社会科学家。收入《世界名人录》(伦敦剑桥世界名人传记中心)《中国文学家》《中国当代文学家名人录》《世界儿童文学事典》等80余种名人辞典。

蒋风是新中国儿童文学学科建设的开创者与奠基人,中国特色儿童文学理论体系的创建者与代表者,中国儿童文学发生"五四学说"的创立者与发展者,中国儿童文学理论走向世界的"第一人",中国儿童阅读推广的"点灯人",培养了一支高质量的儿童文学理论队伍。蒋风一生追梦圆梦儿童文学,在他身上有着新中国儿童文学学科发展的缩影。

蒋风与"蒋风儿童文学馆"的孩子们在一起

蒋风导师（左）与韩进（右）

目录

第三部　在人间
（1995年离休以后　71岁至今）

第一章　续梦之旅（1995—2005　上）……………3
一、未圆的梦……………………………………3
二、创建"中国儿童文学研究中心"……………8
三、免费招收非学历儿童文学研究生…………11
四、一个人的《儿童文学信息》报……………23
五、创办"全国儿童文学讲习会"………………24
六、中外儿童文学交流的开拓者………………36

第二章　续梦之旅（1995—2005　下）……………43
一、主编第一部《玩具论》………………………43
二、出版《儿童文学史论》………………………49
三、重新发现"幼儿文学"…………………………59
四、荣获"特殊贡献奖"和"突出贡献奖"…………64

五、《蒋风与儿童文学》编入地方教材……………… 75
六、八十华诞……………………………………………… 79

第三章　梦圆红楼（2005—2015）……………… 88

一、荣获亚洲"儿童文学理论贡献奖"……………… 88
二、国际儿童文学馆揭牌………………………………… 91
三、问鼎"国际格林奖"………………………………… 99
四、荣获"亚洲儿童文学交流发展贡献奖"………… 111
五、荣获"陈伯吹国际儿童文学奖特殊贡献奖" 116
六、设立"蒋风儿童文学理论贡献奖"……………… 119
七、圆梦中国儿童文学事业…………………………… 122

第四章　立德树人（2015至今）………………… 142

一、重修《世界儿童文学事典》……………………… 142
二、主编《中国儿童文学史》………………………… 145
三、央视特别节目《立德树人》……………………… 161
四、设立"蒋风儿童文学馆""儿童文学理论奖" 168
五、增设"蒋风儿童文学奖"………………………… 171
六、开讲"蒋风爷爷教你学写诗"…………………… 175
七、创建"儿童文学特色小镇"……………………… 187
八、"蒋风儿童文学院"传递"爱的教育"………… 196

附　录……………………………………………………… 205

一、蒋风与儿童文学年表……………………………… 207

二、蒋风主要著作年表……………………………… 272
三、蒋风主要获奖年表……………………………… 276
四、主要参考书目…………………………………… 278

后　记………………………………………………… 281

第三部 在人间
（1995年离休以后，71岁至今）

蒋风评传

Jiangfeng Pingzhuan

我确信自己是一颗蒲公英的种子，在任何贫瘠的土地上也能发芽开花。于是我在一位权力者的支持下，又单枪匹马创办了一个民办中国儿童文学研究中心，凭着一腔奉献余热的热情，主要做了以下三件工作：(一)尽力在中国筹建一个儿童文学馆；(二)创刊《儿童文学信息》报；(三)免费招收非学历儿童文学研究生。

——蒋风:《在人间》，1999

我今年95岁了，应该算得上是个老朽，但是我的心态却是个"90后"，简直像小孩子一样，有着做不完的梦。我把每天的生活都变成梦想，又把梦想一一变成现实。这些梦想几乎都与儿童文学有关，我认为自己是为儿童文学而生的。

——蒋风:《我与儿童文学70年》，2019

第一章 续梦之旅

（1995—2005 上）

一、未圆的梦

1988年1月，蒋风卸下了4年大学校长的担子，回到儿童文学专业岗位，以儿童文学研究所为阵地，准备"倾注自己毕生精力，为浙江师大办出特色作出贡献"[①]。正当蒋风把浙江师大的儿童文学特色办得风生水起之时，按照规定，蒋风要在1994年年底办理离休手续，必须离开他朝夕相处、风雨同舟、奉献了一辈子的心爱的大学校园和儿童文学工作，这让懂规矩、明政策、讲奉献的蒋风一时接受不了。蒋风说："1994年，按规定我办了离休手续，从工作岗位上退了下来，内心是痛苦的。这痛苦不是失落了什么，而是被迫离开工作。我的身体还很健朗，思维也很清晰，我还能工作，为什么不给我工作呢？我认为这是一种年龄歧视。"做业务研究原本就不应该有"离休"这一说，对事业的追求和奉献是一辈子的，生命不息，奋斗不止。

1999年，蒋风将自己出版的散文集命名为《未圆的梦》，第

---

① 蒋风.未圆的梦[C].北京：国际文化出版公司，1999:31.

一篇就是《还有一个未圆的梦——在中国创建一个儿童文学馆》，可见蒋风的不甘心和对梦想尚未实现的遗憾，以及继续追逐梦想的决心。

完全离休后，没有了繁重的校务工作和科研任务的压力，蒋风可以短暂地放松身心，自然而然地回望走过的寻梦追梦的儿童文学人生。从1943年在报上发表童话诗《落水的鸭子》开始，蒋风与儿童文学结下了不解之缘。1947年在报上看到3个孩子因受迷信荒诞的"小人书"影响，结伴到峨眉山修仙学道的报道，更坚定了他要为中国儿童文学事业贡献微末力量的决心。半个世纪来，他在儿童文学创作、教学、研究岗位上坚持不懈，从不动摇，尽管在人生道路上受尽轻蔑、鄙薄，仍义无反顾，终生无悔。今已离休进入古稀之年，仍然想为培养儿童文学人才、繁荣儿童文学事业贡献余热。

尽管几十年来，蒋风已经逐一实现了自己的理想，例如在中国创建第一个儿童文学研究机构，并不断巩固、扩大这个研究机构；第一个招收儿童文学硕士研究生，为中国培养了一批拔尖的儿童文学人才，如吴其南、王泉根、汤锐、方卫平、潘延、汤素兰、韩进等，他们之中有人成为教授、副教授或编审、副编审，活跃在海内外儿童文学理论文坛；第一个在中国高等学校创建儿童文学兴趣小组，开辟第二课堂，培养了一批出色的儿童文学作家，如谢华、何蔚萍、王铨美、周晓波等；编写了新中国成立后第一本系统的《儿童文学概论》，并进一步策划主编了《中国现代儿童文学史》《中国当代儿童文学史》《儿童文学教程》《儿童文学原理》《外国儿童文学史》，形成第一套儿童文学专业研究生系列教材，获得浙江省教学优秀成果一等奖；主编出版了中国第一部大型儿童文学研究工具书《世界儿童文学事典》，将研究视线扩大到儿童文化各个领域；主编中国第一部大型儿童玩具理论《玩具论》。同时，还在开展儿童文学国际交流方面做了大量工作，先后赴美、日、新、韩等国和我国港、澳、台等地区，出席几十次国际学术会议，应邀在日本、韩国、新加坡等地大学讲学儿童文学。

回顾已经走过的半个世纪的儿童文学历程，蒋风感激方方面面给予他的很多荣誉，他获得省级以上奖励10多次，事迹和小传被国内外80多种辞书、名人录收录。蒋风感到社会给予他的已经很多很多，而他回报社会的实在太少太少，他还想在有生之年为社会多做些工作。离休之后，蒋风仍然日夜工作，未有丝毫松懈，感到还有许多事要做，其中一个最大的心愿尚未实现，就是在中国创建一个儿童文学馆。蒋风一生过着俭朴的生活，唯一值得珍贵的积蓄，就是数以万计的儿童文学相关资料，以及他省吃俭用购买的儿童文学书籍，半个多世纪下来竟然有万册以上，还有数以万计的剪报资料，还有与国内外著名儿童文学家来往的信件，这些耗费他毕生精力、辛辛苦苦积累起来的资料，不忍心再让它散失，一直想为它找一个妥善的出路，以此回馈社会。

蒋风曾经想过把这些珍贵的资料送给一家图书馆，又怕一般图书馆日后会把它当作没有收藏价值的"小人书"而作为废纸处理掉。譬如，蒋风收藏有我国第一本童话《无猫国》，虽然薄薄的一册，纸已发黄，不研究儿童文学这一行的，确实觉得当废纸都不值，但对研究中国儿童文学历史的人来说却是一份十分珍贵的资料。还有蒋风与国内外著名儿童文学作家来往的信件，对研究儿童文学学者来说也是难得的第一手资料，但在一般人看来也是废纸一堆。这种担心使得蒋风不敢把自己所收藏的书籍资料捐赠给一般图书馆。

给蒋风启发的是日本大阪的国际儿童文学馆。1986年，蒋风应邀到日本大阪出席一个小型的"儿童文学国际研究会议"，与会者仅20人，却代表17个国家。这次国际学术会议是在风景秀丽的大阪国际儿童文学馆召开的。大阪国际儿童文学馆是经日本早稻田大学儿童文学教授鸟越信先生倡议并把他一生收藏的数万册图书以及数以亿计的各种资料捐给大阪府，大阪府便选定在吹田市的千里万博公园内斥资数亿日元修建的。这一来不仅让鸟越信教授耗费一生心血收集的儿童文学资料得以很好保存，传之千古，而且公之于世，可以发挥最大的效用，成为日本和世界儿童文学研究者的福音。当时与会的17个国家20名代表差不多都向蒋风建议：中国是世界上的大国，有3亿多儿童，也应建立这样一个儿童文学馆作为儿童文学研究中心，开展国际交流，繁荣、发展关系到下一代健康成长的儿童文学事业。这给了蒋风很好的启发和极大的鼓舞。1986年从日本归来后，蒋风便为此奔波，在中国成立一个儿童文学馆，最好也是一个国际儿童文学馆。这样，蒋风就不用担心他毕生搜集的图书资料被当废纸处理掉，可以让这些资料发挥最大的作用。如果建成这样一个国际儿童文学馆，还可以收藏国内像他一样一辈子研究儿童文学、用毕生精力搜集珍藏的儿童文学资料，让和他有同样想法的儿童文学家没有后顾之忧；与此同时，还可以向社会甚至向国际上征集收藏有价值的儿童文学资料，那样，这个国际儿童文学馆就有可能成为世界儿童文学的研究中心和世界儿童文学研究者向往的圣地。那个时候，他还是浙江师范大学的校长，在他手里正在建造一座香港邵逸夫先生捐资的新图书馆——邵逸夫图书馆,他曾经动过心思也非常渴望,中国的第一个儿童文学馆可以在他手里建成,就建在浙江师范大学邵逸夫图书馆内。然而,多种复杂的原因,直至蒋风退休、离休,仍然没有如愿。但在浙江师范大学创建第一个中国儿童文学馆,而且是国际儿童文学馆,始终是蒋风的第一选择(这一愿望直到蒋风离休10年之后才得以实现,这是后话)。

在浙江师范大学创建中国第一个儿童文学馆的愿望遇到困难后,蒋风把视线转向校外,利用他自己的关系和到各地交流儿童文学的机会,先后在杭州、金华、绍兴、上海、台州、合肥、西安、福州等地联系并作了努力,很多人都认为这是一个很好的倡议,有的领导表态,如有人愿提供建馆经费,也可考虑提供土地,但目前政府财政无力顾及于此。例如杭州,蒋风曾得到浙江团省委与杭州团市委的大力支持,表示可以在杭州青少年宫划出土地建馆,并拟先设一个儿童文学中心,聘蒋风担任名誉主任,允许蒋风调一名研究生当助手开展工作。蒋风差不多花了3年时间奔波此事,团省委、团市委、青少年宫,跑了百余次之多,但最后就在蒋风调一名研究生的过程中,因为团省委人事更迭半途而废,从此没有了下文。

经过多次失败的教训,蒋风认识到创建儿童文学馆的最大困难是经费问题。建立儿童文学馆可以作为当地政府的招商引资文化项目,可以划拨国有土地,但各地政府财政都非常困难,难有资金投入。为了筹措建馆资金,蒋风曾找过在侨务界的朋友,希望他们找到捐资的渠道。蒋风在自己出国出境召开儿童文学会议时,也曾与日本、新加坡、韩国,以及我国港、台、澳等地热心公益的人士接触过,诉说心愿,渴望资助。例如1994年,蒋风到澳门拜访同乡贺田先生,说了自己的想法,对方非常赞同,第二年,贺先生回金华与市政府谈合作,点名要会见蒋风,蒋风以为心愿即将实现,可见面之后,对方却缄口不提此事,蒋风也不好意思再开口,等到他离开金华时,才从轿车中伸出头来对送行的蒋风说:"你建儿童文学馆的设想,将来可结合我在杭州六和塔对岸开发钱江城时一并考虑。"还有1995年,蒋风在台湾参加儿童文学会议期间,经文化大学吕教授引见,见到同乡王惕吾先生,蒋风也谈及建儿童文学馆的事,第二年王先生给蒋风来信,非常赞成蒋风的想法,但认为时机不对,经济危机造成日常工作生活都陷入困境,提议待渡过眼前难关后再从长计议,没想到此后不久王先生不幸去世。台湾儿童文学家马景贤先生对蒋风的倡议也很热心,曾联系到一位想从事公益事业的富商,后也因发生变故而废。类似的事还有好几起,大都在好的开头后就没有下文。蒋风虽然都能理解他人的难处,但也不免心里感到悲凉无奈,不过他并没有放弃。蒋风相信有志者事竟成,他说:"孩子是人类的未来,明天世界的主人,儿童文学是他们人生最早的教科书。因此,儿童文学事业是人类最有希望的事业。我愿为它贡献全部心血。在中国建立一个儿童文学馆是我一个最美好的梦。我深信,我的梦一定会实现。"[1]

二、创建"中国儿童文学研究中心"

没有梦想就没有希望,也没有动力,人生就会失去方向。

---

[1] 蒋风. 未圆的梦[C]. 北京:国际文化出版公司,1999:5.

像创建中国第一个儿童文学馆的大事,不是个人有愿望有决心有行动就能做成的,这个愿望需要社会的力量。作为个人,蒋风认为,应该不忘初心,为梦追寻,从自己做起,不等不靠,从能做的做起,从容易做的做起,同时寻找机会。蒋风坚信"自己就是一颗蒲公英的种子,在任何贫瘠的土地也能发芽开花"[①]。

蒋风认为,人只要活着,每个小时,甚至每分钟,都不该成为空白,白白地浪费掉。蒋风也明白,年岁不饶人,毕竟自己已过古稀之年,虽然烧不成熊熊烈火,也应奉献燃烧之后的余热。虽然离开了自己奋斗一辈子的心爱的工作岗位,心中感到痛苦,但也得面对现实,而解脱内心痛苦的唯一办法,蒋风以为就是老有所为,自己为自己创造一个工作机会。蒋风想到自己为儿童文学奋斗一辈子,离休了,除了心爱的儿童文学,他仿佛一无所有。要发挥余热,还得从自己熟悉的、不甘心的儿童文学做起,发挥自己的专长。做什么呢?怎么做呢?蒋风想到他最痛心的事——带儿童文学研究生的遗憾。1979年第一次招收儿童文学研究生时,第一位报名的考生专业课都在90分以上,但因为英语不过关而被挡在门外,让他惋惜至今,因为那位考生大学学的是俄语,而当时研究生考试只有英语,虽然过错不在蒋风,但他一直忘不了这件事。还有一位考生,从1984年他担任校长那年就开始报考他的研究生,因为考生大学期间没有完整地学习英语,虽然专业课每年考试都很优秀,但英语一直没有达到最低录取分数线,因而一直被拒在门外,幸亏这位考生有意志,边工作边自学英语,终于在第五次报考时,以优异成绩被录取,但这样已经耽误了五

---

① 蒋风.未圆的梦[C].北京:国际文化出版公司,1999:31.

年时间。蒋风为这类事情常常感到愧疚，想到一定还有很多考生因为同样的原因不能跟他学习儿童文学，他就深感不安。

再者，回顾10多年来，虽然浙江师范大学是全国第一所招收儿童文学研究生的学校，但是直到蒋风离休的1994年，浙江师大还没有硕士学位授予权，蒋风辛辛苦苦在浙江师大培养的研究生，学历却是杭州大学，他和学生都感到无奈又没有办法，也因为没有硕士学位授予权，影响更多的考生来报考浙江师大，蒋风虽然带了11届研究生，但一共也只培养了20多人，数量还是太少了。蒋风想多招，可政策有规定的名额限制。蒋风想为在职且有志于儿童文学的人进行儿童文学辅导和学历提升，可也苦于没有相应的鼓励扶持政策。蒋风想到自己已经退休了，这些条条框框都对他没有束缚了，为何不发挥自己的优势，针对上述情况做点什么，不仅能弥补自己的人生遗憾，而且能满足社会上有志于儿童文学的人的心愿。于是，蒋风有了一个大胆的想法——他要创办一所不受条条框框限制的"儿童文学大学"，不限国籍，不问年龄，不考英语，只要热爱儿童文学，都可以跟他学习儿童文学，但要通过专业课程的考试，修完正式的儿童文学研究生的课程，经过考核达到研究生水平的，就发给他非学历儿童文学硕士研究生在职教育证书，为儿童文学培养实用型人才。然而，这样的培训机构，以前从来没有人办过，这样的学生身份又如何界定明白呢？与高校计划内招生的研究生有什么区别呢？蒋风认为，最大的区别不在于研究生的水平，而在于他们是没有参加国家研究生统一考试、没有学校授予他国家承认学历的硕士研究生文凭。蒋风突然有了灵感，那就是借鉴城镇非农业户口的提法，将中心招收并经过严格考核达到研究生水平却没有学位证书的学员，称作"非学历儿童文学研究生"吧。

说干就干。蒋风把自己的想法向学校领导汇报，向同行们征求意见，大家都被他对儿童文学的奉献精神以及由此产生的想法所打动，不忍心劝阻他，反而是"八仙过海——各显神通"，帮助老校长圆梦。就这样，1994年年底，在有关部门领导的支持下，蒋风创办了中国儿童文学研究中心，作为一家民间性质的学术研究机构和办学机构，挂靠金华市民间性的中国经济文化研究院，1995年蒋风离休的第一年，开始正式运转。

中心主要有三项工作：

臧克家题写报名

（一）免费招收非学历儿童文学研究生；

（二）创办《儿童文学信息》，作为中心报纸，全力服务非学历儿童文学研究生培养工作。该报1995年创刊时，蒋风特意请著名诗人臧克家题写报名；

（三）寻找创办中国第一个儿童文学馆的机会。

三、免费招收非学历儿童文学研究生

1994年年底，蒋风创建了民间机构的中国儿童文学研究中心。1995年初创办中心内部报纸《儿童文学信息》（金宣内字10030号），作为非学历儿童文学研究生的学习交流园地。1995年开始招收非学历儿童文学研究生，录取37名学员。1996年开始，每年举办一届全国儿童文学讲习会，邀请专家给学员集中授课；同

时邀请全国儿童文学爱好者、儿童文学教育工作者、儿童报刊编辑、记者等有志于儿童文学的人参加,让学员融入儿童文学教育大家庭,让儿童文学爱好者结伴而行,相互鼓励支持,产生了非常好的效果。讲习会此后一直办下去,除 2014 年因故停办一次外,每年一届,至 2022 年,一直没有中断。

蒋风第 1 届非学历儿童文学研究生学员袁银波记录了首次招生的宝贵资料:

> 1995 年 6 月 1 日,他(蒋风)在自己主编的《儿童文学信息》小报上,又发了一份不是倡议的倡议——"中国儿童文学研究中心招收非学历儿童文学研究生"的消息,那消息是这样写的:
>
> 浙江师范大学蒋风教授,1978 年在浙江师范学院创办全国第一个儿童文学机构(即今浙江师范大学儿童文学研究所),同年在全国第一个开始招收儿童文学硕士研究生,先后共招了 11 届,培养了大批儿童文学研究人才,其中已有多人被评为教授、副教授,10 余年间,还先后接受南京师大、华南师大、西南师大、华东师大等校和来自新加坡、马来西亚等国高级访问学者前来进修。现因年龄关系按规定办了离休手续,但身体尚健,仍拟多为培养儿童文学人才发挥余热。因此又创办了中国儿童文学研究中心,开始有关儿童文学的各项活动,现拟从全国范围招收非学历研究生。
>
> (一)在蒋风教授指导下,以自学为主,面授、自学结合。
>
> (二)不收学费,也不收报名费,书籍资料费自理。
>
> (三)不受学历限制,凡有一定的文化基础而有志于儿

童文学事业者,均可报名。

(四)初试:撰写儿童文学论文一篇,限5000字以内,附自传一份,合格者通知面试,不合格者一律不退稿,也不复信,10月底截止。

(五)复试:进行一次面试:

1.了解所需各项文化基础(包括外语)。

2.测试儿童文学有关内容,面试通过后发录取通知书。

(六)学制2年,学完儿童文学教程、儿童文学原理、中国儿童文学史、中国儿童文学名著选读、外国儿童文学史、外国儿童文学名著选读、毕业论文答辩等7门课程,凡合格者,由中心发给结业证书。

(七)除通知面试者外,一律不接待来访。

见到这一消息,我抱着一种"试试看"的态度,投书于蒋风老师,"毛遂自荐"地报名参加"儿文研究生"应试。他公事公办,来信让我写简历和论文,我写了,并寄了过去。想不到,我竟被录取了,虽是非学历的"儿文研究生",但并非人人皆可以考上,录取人数十分有限,偌大个中国,仅招收了几个研究生,可谓不多矣。[①]

上述所说的招生信息,以后常年刊登在《儿童文学信息》报中缝里,每年根据具体情况,修订有关细则。随着《儿童文学信息》广泛寄发,一传十,十传百,全国各地以及海外慕名而来的

[①] 袁银波. 苦育桃李满天下:蒋风和他的儿童文学研究生[C]//周更武主编. 守望的情结:蒋风的儿童文学世界. 香港:新天出版社,2005:443—444.

报名者络绎不绝,蒋风根据报名者的要求,动态掌握招生时间,符合条件者,及时录取,这样最终第 1 届学员累计达到了 37 人!按照这一规则的改变,从 1995 年至 2022 年,已累计招生 27 届,招收学员 600 多人。这些学员中有各行各业者,从幼儿园、中小学教师,到大学教授、作家、评论家、退休老人,还有我国港澳台地区的大学教师,马来西亚、新加坡等国家的作家、教师、儿童文学爱好者,年龄从 20 多岁到比蒋风还大的老人,如 1999 届抚顺市中山业余学校的姚云鹏 75 岁、广州学员曹盛苏 77 岁,经过两年的自学,论文达标,顺利地拿到了中国儿童文学研究中心颁发的红彤彤的非学历儿童文学研究生结业证书,他们高兴得像孩子考中高考状元那样,将其当作一生中重要的荣誉。

  蒋风办学既开放又严谨,要想顺利地从他手中接过大红的结业证书,非得下一番功夫不可。蒋风采取的是"宽进严出"的办学制度,他办学 27 年的 600 多名学员,不是所有人都拿到了结业证书,还有相当一部分学员没有"毕业"。第 1 届 37 名学员中,两年后如期拿到结业证书的只有 8 人,这给第 1 届的学员来了个"下马威"。蒋风始终认为,学风和质量必须从第 1 届就要抓起,开一个好头,也给后来的学员"立下规矩"。蒋风认为,他给儿童文学爱好者搭建的是一个平台,给予的是圆梦儿童文学研究生学习的机会,但办学的生命在于质量,要办学长久,必须坚持质量原则,维护中心的权威地位和蒋风办学的声誉,只有这样才对得起认真学习的学员,坚决杜绝"混文凭"沽名钓誉的不实之风。蒋风也不是没有人情味,而是坚守办学的责任与良知,特别是对儿童文学的敬畏和尊重。蒋风在招生简章中早已声明,学员要想拿到结业证书,必须保证学习时间,确保学习效果,必须自学完全部课程，完成24篇作业（学习笔记，又称"小论文"）和3篇有观点、有分量的专业论文，而且作业和论文质量要达到浙江师范大学计划内正式培养的研究生学业水平，也就是说学完课程、完成作业、写出高质量论文三者缺一不可。蒋风对在职学员两年内完成学业的困难非常了解，但同时又给予了机会，两年内不能结业的学员，可以继续免费接受中心培养，蒋风继续担任导师，直到学员达到结业要求。

前述的第1届学员袁银波，已经是童话创作小有名气的作家，就有一段切身的经历和体会，他说：

> 其实，我之投身于蒋老师门下，并不似一些学员那般的虔诚，我是带有"活思想"的：以求通过儿童文学理论的提高，来指导我的创作实践，尤其是长篇童话和长篇童话小说的创作实践。但是也许我们师生都企望过高，我成了一个"不轨"的学生，他成了一位"一般"的老师，以至于他布置的许多作业，我均未顾及去做。蒋老师显然有些"生气"了，他在一份《通知》中这样通报：第一期研究生中，能按时完成作业的有×××；完成一半作业的有×××、×××；不能按时完成作业或只完成一部分作业的有袁银波和×××。收到这份通报，我颇有些难堪，也十分悲观，我给蒋风老师的复信中这样回答："我自知，我是一名'不轨'的学生，但是，却是一位痴心的儿童文学工作者，由于几部长篇小说缠身，杂志编刊工作繁忙，加之组织几项大型少儿文艺活动等原因，我未能完成学业，但是，我准备按要求写几篇论文，并尽可能地补上作业。"不知是由于我的恳求感动了老师，还是由于其他什么特殊原因，

他终于"网开一面",说是作业可以缓交,但发给结业证书的时间予以顺延。这意味着,我将面临成为第2届非学历"儿文研究生"之危。"老大哥"要变"小弟弟"了。对此,我并不"悲哀",我心里所思所想的只是,借以儿童文学重点长篇作品的发表,来给我的老师一个惊喜,那或许可以作为颇令人满意的答卷。①

这年的5月中旬,蒋风到山西太原参加儿童文学工作会议,回程途中去了西安,袁银波特意到蒋风老师和夫人所住的西安解放军政治学院招待所拜望,邀请老师夫妇来到他的工作地——西安市建国路2巷3号,陪老师在西安参观了"西安事变"旧址、张学良公馆等历史文化单位,同时汇报自己的学习和创作情况,得到蒋风老师的充分肯定,鼓励他发挥自身的长处,将理论学习研究与童话创作实践结合起来,写出有血有肉的作品和有观点有思考的论文。蒋风回到金华后,袁银波又收到青岛幼师寄来的"暑假全国儿童文学讲习班"会议通知,原来是蒋风老师推荐的,这次"青岛讲习班"也是蒋风精心策划组织的第1届非学历儿童文学研究生学员与师范学校儿童文学教师的学术交流活动,也是蒋风给学员集中面授的集体活动,1996年7月10日至16日在青岛幼儿师范举行。

青岛幼儿师范的一位老师,因为多方面原因,一直没能通过蒋风的考试,就在他本人准备放弃时,蒋风没有放弃,而是给予更多的理解、鼓励、帮助和指导,用了8年时间达到了蒋风没有

---

① 袁银波.苦育桃李满天下:蒋风和他的儿童文学研究生[C]//周更武主编.守望的情结:蒋风的儿童文学世界.香港:新天出版社,2005:444—445.

降低标准的高要求,终于如愿以偿,拿到结业证书,学员激动地说:"我是用了8年才拿到证书,这本证书有蒋风老师的父爱与师恩,非常珍贵,我要珍爱一辈子,像爱护自己的生命一样。"

有的学员当面向蒋风老师提意见:"您这个大学的结业率只有10%,太低了,起码应该达到30%,因为学员们能来学习已经很不容易了,如果连结业证书都拿不到,那就毫无意义。"蒋风不听,说:"这个证书你拿去也没用,国家又不承认学历,你要拿,得到达我的要求。"①

有的学员向蒋风老师求情,提建议,以为不是正规严格的研究生教育,完全可以不用这样较真,比"真正的研究生"还严格,建议放宽结业条件。蒋风知道学员边工作边学习的辛苦,但他不能开这个口子,这是信誉与责任的口子,一旦放开,就会名声扫地,就会前功尽弃,就会违背他办中心招生的初心。蒋风说:"我免费为学员服务,学员自愿报名,我们之间达成了共识,我必须坚持原则,坚持自己的承诺,我教的学员也要兑现自己的承诺,坚持做人的原则。"经过这件事,学员们更加佩服和敬重蒋风老师,为自己的选择而无悔,为自己的选择而奋斗。正是这样的学风和对原则的坚守,蒋风免费招收非学历儿童文学研究生的"义举"才能坚持下来,发展至今,成为社会培训的常青树,成为民间培训儿童文学人才的金招牌,为浙江师范大学赢得了好信誉好口碑。

蒋风招收的1995届非学历儿童文学研究生学员,沈阳师范

---

① 赵如芳、赵佳.一位八旬翁的"私家大学":儿童文学泰斗蒋风15年培育"非学历儿童文学研究生"的故事[C]//蒋风主编.新世纪的足迹:蒋风的儿童文学世界.合肥:安徽文艺出版社,2014:19.

大学马力教授,也是第一批拿到结业证书的8位学员之一,他在学习期间以童话理论为方向,在蒋风老师指导下,于1998年出版了《童话学通论》,获得第10届冰心儿童图书奖。2000年,周更武主编的《守望的情结——蒋风的儿童文学世界》在香港新天出版社出版时,蒋风推荐马力为该书写了近5万字的长篇序言《守望的情结——蒋风论》,马力以亲身经历和体会,从教育体制创新视角评价了蒋风创办的中国儿童文学研究中心的意义和价值:

> "中心"虽没有固定的校址和堂皇的教学设备,以学员自学为主,每年暑假期间举行一次面授,但蒋先生却相当讲究教学质量。蒋先生严格执行教学计划,对学员的自学情况做一丝不苟的考察,两年后拿到结业证书的只有8人。"中心"的每一次面授,蒋先生除亲自授课外,还请国内知名教授和儿童文学作家讲课,深受学员欢迎。学员们纷纷反映,听这样的课学到的不仅是学问,还有"守望"者的精神和品格。
>
> "中心"创造了一种全新的教学体制,由一些德才兼备的教师授课,有一些不为拿文凭而有志于儿童文学事业的人做学员,构成一个新的教学实体。这正如杨振生在中篇小说《玉君》中所说的:"古人教书,是学者的自由结合。所以没有学问的不来教书,没有学问上兴趣的也不来听课。""中心"的教学体制正发扬了我国古代教育的优良传统,以学问和对学问的兴趣将教与学双方联成一个有机的整体,真正达到了教学相长的目的。学员们反映说,参加"中心"的学习,

经历的不仅仅是一个受教育的过程,简直是领悟自己与儿童文学的一种缘分,是一种心灵的净化和提升,是一种不可能随便得到的幸福。①

同样是"中心"学员的程丽萍,也高度评价了蒋风创办的中国儿童文学研究中心免费招收非学历儿童文学研究生的创举,是"古代书院精神的再现",称颂

2001年,蒋风(左三)到香港辅导在港非学历儿童文学研究生,在香港中文大学与学员合影

中国儿童文学研究中心是"一个令中外儿童文学人士惊叹的'私学'",广收天下有志于儿童文学的人士,如2000年度的学员构成:台北1人、高雄2人、香港3人、北京2人、金华3人、万州2人;长沙、洛阳、绵阳、石嘴山、宁波、东阳、淄博、广州、莱西、栖霞、蒙阴、乌鲁木齐各1人,共计25人。其招收范围之广、取人之精,可见一斑。蒋风先生这种不拘一格的招生形式以及他的办学特点都与古代书院有着精神上的共同之处。蒋风的办学特点主要有三大方面:一是"学员具有强烈的求学热情,教师有明

---

① 马力.代序:守望的情结:蒋风论[C]//周更武主编.守望的情结:蒋风的儿童文学世界.香港:新天出版社,2005:9.

确的培养目标";二是"有着浓厚的学术空气";三是"重视培养学生的主体意识,因人而异分层要求"①。

蒋风首创免费招收非学历儿童文学研究生的意义,俞义在其专论《乐以忘忧,不知老之将至:记蒋风教授和他的儿童文学事业》②一文中有过实事求是的分析:

> 在这里我要特别关注的是蒋风先生对非学历儿童文学研究生的培养。首先是他的培养模式的合理性和严格性。他要求报考者必须是能坚持自修并对儿童文学事业有献身精神的人,其次是培养非学历儿童文学研究生的意义。因为是非学历的研究生,所以参加这一学习的人基本上是儿童文学自觉的爱好者,而且他们绝大多数人处在社会的基层从事基础教育。儿童文学的研究,过去很长时间没有形成研究的热点和重心,在很大程度上,是由于对儿童文学的研究没有做到普及。对于儿童文学的研究,仅限于高校的研究所、研究中心、研究室以及一些成人文学研究者对儿童文学研究的偶然性关注和儿童文学报纸、刊物、出版社的从业人员对儿童文学的推波助澜。而与儿童文学有紧密联系的处于社会基层的教育工作者,与儿童文学的研究的距离却相当远。其实许多处于社会基层的教师对儿童文学的研究有一种天然的优势。但是

---

① 程丽萍.古代书院精神的再现[C]//周更武主编.守望的情结:蒋风的儿童文学世界.香港:新天出版社,2005:473—476.
② 俞义.乐以忘忧,不知老之将至:记蒋风教授和他的儿童文学事业[C]//周更武主编.守望的情结:蒋风的儿童文学世界.香港:新天出版社,2005:148—149.

由于他们自身的缺陷，包括他们相对低下的理论素养和写作水平，使得他们在从事儿童文学教育的时候，无力从事儿童文学的研究工作。针对这一情况，蒋风先生及时地招收非学历的儿童文学研究生，对他们进行严格的专业训练，不但是他对教育事业的继续，而且更应该看作是他对儿童文学研究的一种推广和普及，是他对繁荣儿童文学创作的又一重大贡献。如果说对正规研究生培养是一项制造儿童文学界的"文化精英"，那么对非学历儿童文学研究生的培养则是把儿童文学的研究从高层推向民间、推向大众，让更多的有志于儿童文学的人来参与儿童文学的研究工作，盘活整个儿童文学界，造成"百花齐放百家争鸣"的繁荣局面。我想，蒋风先生对非学历儿童文学研究生培养的意义也正在于此。

蒋风免费招收非学历儿童文学研究生的创举，不仅得到学员们的一致称颂，而且得到国内外儿童文学界的理解、支持与赞美。著名儿童诗人圣野先生在诗中写道：

> 我们的蒋风先生
> 是一个当代的
> 带有童话色彩的追日的夸父
> 他一路风尘仆仆
> 从没有感到疲倦
> 离开了浙江师范大学
> 面向中国，面向东南亚
> 面向一切华人讲华语的地方

他又办起了第二个更大的大学①

马来西亚的儿童文学作家爱薇曾经是蒋风教授的访问学者，在浙江师范大学儿童文学研究所游学半年，在76岁高龄的蒋老师身上，"深深感动于他那一份对儿童文学事业的'一往情深'与'永不言休'的执着精神，这也是一种学者无限追求的至高境界"。爱薇感慨地说："在我看来，以蒋老师的年龄、身份、地位，他可以说是早已具备了'游山玩水、含饴弄孙、悠游自在'的生活条件。但是，他却宁愿舍弃这些一般老年人向往的生活方式，追求的是一种精神上的满足感，从浙江师大校长与儿童文学研究所所长职位一退下来，蒋老师就迫不及待地创办了'非学历儿童文学研究生班'，让一些有志于儿童文学的工作者，增加了一个学习的通道，不但学费全免，而且亲力亲为，自任导师，将自己数十年对儿童文学的钻研心得，毫不保留地倾囊相授，这种无私栽培后辈的精神，的确符合了身为儿童文学家的博大宽广的情怀。这种'无事找事做'的作风，对某些人来说，也许不敢苟同，但是，蒋老师却乐在其中，全力以赴，也因此赢得了不少国内外儿童文学界的称誉。"②

---

① 程丽萍.古代书院精神的再现[C]//周更武主编.守望的情结：蒋风的儿童文学世界.香港：新天出版社，2005:473.
② [马来西亚]爱薇.不老的童树：蒋风教授[C]//周更武主编.守望的情结：蒋风的儿童文学世界.香港：新天出版社，2005:504—505.

四、一个人的《儿童文学信息》报

蒋风创办中国儿童文学研究中心的主要目的是通过免费培养"非学历儿童文学研究生",宣传儿童文学,普及儿童文学,发现儿童文学人才,推进儿童文学发展。"中心"需要有交流联络的平台,研究生教学需要有师生教与学的园地,创办《儿童文学信息》报就应运而生。

蒋风招收非学历儿童文学研究生班之时,几十名学员经常来信来电向他请教,蒋风实在没有精力做到每信必复,而且很多问题是共同的。怎么办?蒋风想到,如果能办一份报纸,把需要回答学员的共性问题在报纸上公布,可以节省大量时间,也可以让学员互相借鉴,了解儿童文学的动态。1995年6月1日儿童节,蒋风自费创办的中国儿童文学研究中心的报刊《儿童文学信息》面世了。蒋风请诗人臧克家题写报名,再向学校宣传部门办理内部报刊准办及印刷许可,终于获得批准。没有经费聘用工作人员,蒋风就一个人身兼组稿、选稿、编辑、画版、送审、校对、出清样、印刷、发行等所有工作,还要一份份封好,写好信封,再送邮局寄送。蒋风夫人卢德芳老师开始时不赞成蒋风这样辛苦,看到蒋风初心不改,也受到感染,主动承担力所能及的工作,一家人围着一份报纸,一期要花费一个月时间,一年4期,就是4个月。他们把两人退休的工资都用在办报上,将平时生活费用降到极低水平。

《儿童文学信息》报每期印刷3000~3500份,全部免费邮寄赠送给中心的学员以及儿童文学有关的单位和个人,其中有500份寄到港澳台地区和国外。看到报纸受到学员和各界人士的欢迎,蒋风夫妇感到非常欣慰,觉得苦点累点都非常值得。这份报纸一直坚持办下来，直到今天，没有停歇过。

《儿童文学信息》为4开小报，第一版是国内外有关儿童文学的信息；第二版选登学员的做了优秀论文、作业；第三版每期介绍一位新学员的作品；第四版是刊登小学生习作。学员陈世明回忆说："已记不清是第几次收到蒋风先生亲手寄来的《儿童文学信息》报了。几乎每次报中都夹着一封蒋风的简信，那随意且飘逸的字迹，给人的感觉就像一棵棵苍劲的松柏在狂风中摇曳，但始终昂着头站在那儿。我喜欢甚至可以说是企盼他寄来的信息报，若久无寄来，心中则惴惴不安，不知蒋风先生近况可好？"①

五、创办"全国儿童文学讲习会"

蒋风主办非学历儿童文学研究生班的重要教学方式，是每年举行一次"全国儿童文学讲习会"。名义上为"讲习会"，其实是儿童文学"学习班"，因而学员之间更习惯称之为"讲习班"。讲习班是学员一年一度面授的重要课堂，时间选在每年七八月份暑假期间，方便老师学员出行。1996年第1届讲习班在青岛幼儿师范进行，以后讲习班地点在全国流动，成为学员最受欢迎、最期待的年度"儿童文学盛宴"。儿童文学讲习班和《儿童文学信息》报相互配合，成为蒋风培养非学历儿童文学研究生的重要"课堂"。

第1届讲习班学员黄锡忠回忆说："1996年暑假，我应邀参加了在青岛幼师举行的'全国儿童文学讲习会'，感到耳目一新。

---

① 陈世明. 永远的儿童文学　永远的蒋风先生"写在蒋风老师75寿辰之际"[C]//周更武主编. 守望的情结：蒋风的儿童文学世界. 香港：新天出版社，2005:434.

蒋风老师每年举行一届'全国儿童文学讲习会',邀请专家讲课,而讲习会也是非学历儿童文学研究生的面授课程。在整个学习期间,讲习会对我来说是最精彩、最好的部分,因为'讲习会让与会学员享受到精神上的自由'。"

　　蒋老师的学员来自全国各地,出身各行各业,在其原来所处的社会角色、身份的规定下,很难有机会汇集同时自由地涉及一个非功利的领域话题。蒋老师的讲习会做到了。他提供了这样一个非功利的机会,话题是大家都热爱的儿童文学,我们也不再是干部、教师、学生或者商人,只是儿童文学的追求者。每每我都要忘记"我是谁",直到背起行囊踏上返乡之路时,才忽然意识到自己不过是生活之网中的一员罢了。

　　自由的空间为思想交流提供了润滑与催化,自由的精神让与会者敞开心扉享受思想之美。这里没有绝对的权威,因此,在青岛会议上,作家夏辇生老师敢于在理论家蒋风老师、金燕玉老师面前畅谈她的"歪把子理论";在桐乡会议上,就"韩寒"现象,文学社的小学生们挑战了老专家,向他们阐述自己不同的见解。

　　讲习会也让与会学员获得丰富的审美体验。这得感谢蒋老师的巧妙安排,受邀的专家里,作家的数量占绝对优势。作家不迷信理论、概念,甚至视之为大敌;也不谋求共性,喜欢而且擅长以个人的创作经验说话,处处流露出感性的注意——个性的审美情致……[1]

---

[1] 黄锡忠.跟随蒋风先生学习儿童文学:我读非学历儿童文学研究生的一点儿体会[C]//周更武主编.守望的情结:蒋风的儿童文学世界.香港:新天出版社,2005:487—488.

非学历儿童文学研究生班学员程丽萍对此也有切身体会，认为每年举办"全国儿童文学讲习会"，使得"中心既是教学机构，更是研究团体，虽然学员自

蒋风（前排右四）参加2002年全国儿童文学讲习会的教师合影

身的儿童文学修养参差不齐，但这并不影响他们在实际工作中不断地探索、不断地总结，学员的脑子里总是有新产生的或遗留许多的问题，总是有新方法的发现与新设想的实践。每当通信或电话时，谈论的都是'热点'话题。对于一年一次为学员们开办的讲习班，有机会参加者都是不肯放过的"。他们从天南地北相聚一起，或听课、或交流，无论课上课下，所谈话题都离不开儿童文学：谈对理论概念的理解和把握，谈对传统理论与现代创作的距离，谈对作品的理解与认识，谈对创作的感受与困惑，谈在指导学生进行童话童诗的创作中遇到的问题或取得的一些成功的方法，谈如何利用儿童文学作品发展孩子们的想象力和创造力，谈童话的逻辑，谈童诗的清纯，谈小说的人物，谈故事情节的矛盾冲突，总之，在一周的学习生活中，大家不放过任何一个交流的机会。这样高密度、高效率的研讨，激发出多少研究热情和创造性思考啊，一批儿童文学新人就在一届又一届的儿童文学讲习班

中脱颖而出，茁壮成长。

第1届的学员黄锡忠，爱上儿童文学，也爱上儿童文学讲习班浓厚自由的学习氛围，以后坚持每年参加讲习会，除了不断学习儿童文学，还有一项更重要的工作——受到蒋风奉献精神的感染，做一个儿童文学讲习会的志愿者，帮助蒋风老师做一些力所能及的工作。学员吕群芳因为一份《儿童文学信息》报，与蒋风招收的非学历儿童文学研究生结缘，成为全国儿童文学讲习会的会员，又在讲习会上结识了黄锡忠、汤汤等很多学有所成的师兄师姐，她自己的工作和生活也因为儿童文学而发生了意想不到的变化。2020年10月26日，吕群芳以《教师月刊》特约访谈员的身份，在浙江金华丽泽花园的蒋风老师家里采访了蒋风老师，在题为《蒋风：为孩子们的身心健康做一些事情》的长篇采访内容之前，有一段回顾她与蒋风老师的儿童文学缘分：

> 2005年春天，我在老家的山村小学教书。一天放学后，无意中在传达室门边捡到了一张小小的报纸，也许是它太简朴、太单薄了，大家也就忽视了它，任它孤零零地躺在角落里。
>
> 小小的报纸叫《儿童文学信息》，以前从没听说过，只是因为自己从小喜欢读儿童文学作品，就好奇地翻开看了看，一则启事引起了我的注意——
>
> "蒋风非学历儿童文学研习班招生了。"
>
> 我不知道蒋风是谁，也不明白什么叫"非学历"，可不知怎么的，心里有一种毛茸茸的感觉，似乎有什么东西要发芽了。

于是，我找出一张信纸，写了一段自我介绍，表达了想参加研习班的愿望，然后按报纸上刊登的地址，将信寄了出去。

初夏，梅子青时，我收到了回信，随信寄到的是一个学号——0509，还有两本书《儿童文学概论》和《儿童文学教程》，书的作者都是蒋风。此时，我才知道蒋风老师曾任浙江师范大学校长、浙江师范大学儿童文学研究所所长，是国际格林奖评委会委员。

肃然起敬的同时，我心里有些疑惑："这位80岁的老人，不在家安享晚年，却办起这样的讲习班，究竟是为了什么呢？"

7月底，我到金华参加为期一周的儿童文学讲习会。刚走进金师附小的校门，就看见一位个子高高的银发老人微笑着站在我面前："我叫蒋风。你是从哪里来的？"

"我……我是从嵊州来……"

因为紧张，更是因为激动，我居然忘了称呼一声"蒋老师，您好！"只顾着结结巴巴地介绍自己。

"嵊州的，叫吕群芳，对吗？"蒋老师立刻报出了我的名字。

"嗯，嗯。"我使劲点点头，却依然没有叫出一声"蒋老师"。

这时，从旁边跑过来一位中年男子，一边扶着老人的手臂，一边对我说："先去食堂吃午饭，午饭后再办理报名手续。"

在食堂为学员们打饭菜的是一位面容清秀的老太太，只听她不厌其烦地叮嘱我们:"饭菜很简单,但是管够,大家都要吃饱,下午就开始上课了。"

"师母,你先陪蒋老师去吃饭,我来给学弟学妹们打饭。"刚才的中年男子接过了老太太手里的勺子。

原来她就是蒋师母——卢德芳老师啊!两位德高望重的老人,那么热的天,一日三餐陪着我们在食堂用餐,还为我们做服务工作,那一刻,我心里的温暖与感动难以言表。

15年过去了,我依然清晰地记得那天中午的两菜一汤:肉丝炒豆芙、黄豆酱炒茄子和西红柿蛋汤。

午饭后,大家渐渐熟悉起来了。我知道了那位中年男子叫黄锡忠,是新疆一所师范学校的老师,也是1996年首届儿童文学讲习会的学员。此后,每年的讲习会,他都乘坐五天五夜的火车赶来参加,一是为了学习更多的儿童文学知识,二是想多做一些会务工作,尽量减轻老师和师母的工作量。

从这位大师兄的口中,我知道了蒋老师举办的这个儿童文学讲习班属于公益性质,学员除了支付食宿的钱,其他几乎都是免费的,首届讲习班,蒋老师贴进了几千块钱;也知道了《儿童文学信息》报是蒋老师退休后单枪匹马办起来的,他的离休金大部分都花在这份小小的报纸和讲习班上了。

这个讲习班,我读了3年,听到了蒋风、圣野、金波、方卫平、韦苇、彭懿、梅子涵、冰波、孙毅、王一梅等许多儿童文学专家、教授及作家们的课,他们为我推开了儿童文学世界的大门,更让我看到了他们为儿童文学事业所做的努力，心里既温暖又敬佩。每次见到蒋风老先生，看着他那满头的白发，总觉得自己该做的还有很多很多。

后来，我调入了市区小学，开始做学校的教科研工作，平日里更多的精力都放在课题研究和论文写作上，不知不觉地，竟慢慢疏远了儿童文学这片天地，也就不好意思去见蒋老师和师母了。

直到去年，我终于鼓起勇气，在汤汤老师的陪同下，登门拜访了蒋老师。进了门，汤汤老师先向蒋老师介绍："蒋老师，这是吕群芳老师，也曾是您的儿童文学讲习班的学员，您还记得吗？"

蒋老师笑了笑，没有直接回答，而是问了一句："你还在爱德学校教书吗？"

"蒋老师，您还记得我，记得我是哪个学校的啊！"我又惊又喜。"你以为蒋老师很老了，记性很差了吗？我是'90后'，比你俩都年轻呢！"蒋老师像个孩子似的笑着说。

从蒋老师家出来，我认真地对汤汤说："以后，我要常常来看望蒋老师和师母。"

"好的，好的啊！"汤汤也认真地回答。

一次偶然的聊天，我和《教师月刊》的林茶居老师说起了蒋风老师，说起了这件事，林老师立刻就说，吕老师如果去拜访蒋风老师的话，能否以"教师月刊特约访谈员"的身份，帮忙做一个专访？

我先是一愣，随后是无限的惊喜："当然可以啊，我很愿意，很愿意！"

姐姐刚好坐在旁边，她听见了我的话，就说："你当然很愿意,可是冒昧打扰,蒋老师会同意吗?"

"会的,蒋老师会同意的,只要是关于儿童文学的事情,蒋老师一定会答应的。"

2020年10月26日,很美好的一个日子,我又一次聆听到了蒋风老师的儿童文学课。暖阳下的老师,鹤发童颜,和蔼可亲,眼睛里闪着特别的光芒,笑容里带着童真。

"儿童文学是人类最有希望的事业。为孩子、为儿童文学做一点力所能及的工作,哪怕只发萤火一样微弱的光,我也要奋力前行。"这位可敬的"90后"老人,永远怀着一颗纯真的童心,那么明亮,那么纯粹!

听着蒋老师的话语,我的心底似乎又有什么东西要发芽了。

吕群芳笔下的汤汤,就是被儿童文学界誉为"横空出世的天才童话作家"。汤汤,原名汤宏英,汤汤是她童话创作用的笔名。她出生于1977年10月,金华职业技术学院96届毕业生,曾任浙江武义实验小学老师,武义县教育局教研室汤汤工作室负责人,现就职于浙江师范大学人文学院。她还是浙江省作家协会副主席、浙江师范大学特聘教授、浙江省全民阅读形象代言人。作品曾获浙江省优秀文学奖、冰心儿童文学奖、陈伯吹儿童文学奖、金近儿童文学奖、儿童文学十大青年金作家奖,3次获得中国作协全国优秀儿童文学奖等。代表作有短篇童话集《到你心里躲一躲》《别去五厘米之外》、中篇童话《喜地的牙》《谷子遇见豆子》、长篇童话《流萤谷》《睡尘湖》等。

汤汤从一个"瞧不上"儿童文学的门外汉,怎么又创作起了儿童文学呢？那是 2003 年的事情。那一年她在武义实验小学当语文教师，"被迫"听了蒋风在武义举办的"全国儿童文学讲习会"，从此点燃她"生命的热"，开始了新的"儿童文学人生"，而且从 2007 年起，专注童话创作，成为中国儿童文学的"童话奇才"。2015 年，蒋风 90 寿辰，汤汤写了一篇题为《蒋风老师为我推开童话的窗》的纪念文章，她自问："如果没有遇见童话，我现在是怎样的一个人生状态呢？"又问："如果没有遇见蒋风老师，我又怎么能遇见童话？"这是多年来汤汤一直萦绕在心头的感动和感恩。汤汤清楚地记得，那是 2003 年 8 月，蒋风的儿童文学讲习会在她工作的武义县城举办。因为天热，又是暑假，汤汤早就做好了逃课的准备。但是校长要求学校每个语文老师必须参加，还要点名。汤汤只好硬着头皮，百般不情愿地去听课。汤汤感慨地说："人生有许多偶然，总是酝酿着各种可能性，就是因为那几天的课，我对儿童文学产生了好奇和兴趣，眼前好像忽地开了扇窗子。原来，经典的儿童文学作品，那种文字的温暖、思想的深邃、情感的渗透力、故事的张力，是能直抵心灵的。我的心悄然萌动起来了。"

讲习班结束后，学员都要交一篇学习

左起为毛芦芦、谢华、蒋风、汤汤

心得，汤汤的心得全文如下：

也许又是一个新的开始
——儿童文学讲习班学后感悟

儿童文学，对于我来说，一直是件看不上眼的事情。除了辅导孩子们写作文，写诗歌，培养阅读兴趣，在这方面我什么事情也不曾想过。我既不看儿童文学的作品，因为这在我看来（其实是想象）实在是太幼稚，也不会拿笔写半个字，要写小猫小狗的故事，我没有兴趣。我总是困惑，为什么一个成人会对儿童文学孜孜不倦、乐在其中呢？当然现在我知道了，我错了，错的是我。

一直这样自以为是地犯错误，如果不是这次讲习班的学习，也许我就这样一直不可救药地错下去了，不是也许，是肯定。感谢蒋风老师，温情地摘去我戴了多年的有色眼镜，我突然深切地预感到——我会有一个新的开始，新的追求，而且，这开始，这追求，将给我一个新的有滋有味的生活。

首先，作为一名小学语文教师，我意识到了儿童文学对孩子们会有不可估量的魅力，让他们感受到语言的美、文学的美、世界的美。在美的体验中，感受到语文学习的无穷魅力。所以在以后的语文教学中，我会有意识地让儿童文学渗透在语文教学的每一个环节中，引导孩子们阅读更多优美的文学作品，引导他们爱读也爱写。并且在班里成立诗社、文学社、办班级小报，等等，创设一个浓郁芳香的儿童文学氛围，让孩子们痴迷、享受。

  当然，我自己也要提笔写儿童文学作品，我要用我的作品去充实丰富孩子们的心灵。想象着我写的故事在我那64个孩子中争相传阅的情景，我觉得幸福，我仿佛看到了他们的感动、他们的快乐，还有他们看我无限崇拜的眼神，我想放声大笑。

  哈哈哈……别笑得太早了，虽然现在我激情澎湃，创作的冲动如潮水一样，可是我行吗？没有尝试，我又怎么知道自己不行呢？听了谢华老师和更多老师的讲座，我不是受益匪浅吗？我不是受到了启发吗？虽然谈不上醍醐灌顶，至少我已经意识到儿童文学的创作，素材俯拾皆是，前提是需要一颗善感的心，还有，一支会积累的笔。我还隐约地觉得儿童文学定是一个奇妙广阔的世界，它能够点燃我生命的热情。

  也许，我真的已经站在了人生又一个新的开端，不管后事如何，我都感谢蒋风老师为我们创设的这个平台。这里鸟语花香，这里阳光灿烂！

汤宏英
2003年8月12日

汤汤这篇学习心得，是她当时心情的真实写照。当年儿童文学讲习班成为她人生的转折点——

  永远记得2003那一年的儿童文学讲习班，规模真是大啊，四五百个语文老师，六七天的时间，来自全国各地的专家教授们一堂堂为我们讲课。现在想起十分汗颜的是,当时我们的纪律很不好,我们爱说话,课堂常常像一锅煮糊的粥。蒋风老师高大笔直的身躯,时时刻刻穿梭在我们中间,辛辛苦苦维持纪律,他所到之处,会有片刻安静,待他一走,声音又雨点似的起来,此起彼伏的声音中,他不停地走,不停地走,白发整齐,面容平和,眼神里没有生气和焦灼,只有热切的期盼——认真听一点啊,老师们,认真听一点,会有收获的。

后来知道蒋风老师年年办着儿童文学讲习班。我总会忍不住想,他怎么会有这样的热情和坚定呢?他对2003年在武义的那届讲习班,印象也十分深刻,他会这样鼓励我——那是我办得最辛苦的一届讲习班,但是有一个汤汤开始写童话,很欣慰啊。

说真的,我不知道要用哪些词语来描述蒋风老师才足够匹配,这样纯粹可爱的一个人哪;我也不知道要用哪个词语来表达我对他的热爱、感恩和崇敬。我只知道,没有蒋风老师,就不会有我的童话人生吧。

2011年,那个让蒋风很欣慰的"开始写童话"的汤汤,在日记中动情地写道:

> ……有时候想,如果没有遇见童话,我现在是怎样一个人生状态呢?可以肯定的是,我一定还是汤宏英,一个极其普通的小学老师。我并不认为当个小学老师有什么不好,我现在依旧在一个小县城里快乐地做着我的小学语文老师。但

遇见童话前后的我，确实是有极大的不同的，而不同就在于内心的世界。因为童话，我的内心世界变得丰富了，博大了，轻盈了，纯净了，踏实了，温暖了，快乐了，超脱了，豁达了，平和了，饱满了，淡定了，也更善良柔弱多情了。所以童话又让我的生命状态有异于一个小学老师，因为遇到了童话，所以汤宏英变成了汤汤。总是会有从心底喷薄而出的幸福感暖暖地笼罩我，我感谢童话，深深地……①

像汤汤这样因为参加儿童文学讲习班而走上儿童文学道路、成为中国当代优秀的儿童文学作家和大学教授的例子还有很多，汤汤是其中最突出的代表。蒋风为汤汤的进步和成绩感到欣慰和自豪，在他给笔者的回忆资料《为了孩子们的健康成长——我与儿童文学70年》中谈到举办"全国儿童文学讲习会"时写道："20多年来，让我欣喜的是，一大批儿童文学爱好者通过自身的努力成为儿童文学创作、教学等领域的优秀代表，汤汤从一名小学教师成为国内著名儿童文学作家就是一例，现在她是浙江师范大学教授。"

六、中外儿童文学交流的开拓者

退休以后，蒋风有了更多的时间和精力从事中外儿童文学交流活动，延续前一个10年的良好基础，蒋风已经成为中国儿童

---

① 汤汤. 蒋风老师为我推开童话的窗[C]//周晓波主编. 筚路蓝缕：圆梦中国儿童文学事业——祝贺蒋风教授90华诞暨从事儿童文学事业70周年纪念文集. 杭州：浙江工商大学出版社，2015:111—122.

文学的一面旗帜，或者说是中国儿童文学的世界代表，得到中外同行的公认。蒋风也因参加更多中外儿童文学交流活动，把中国儿童文学不断地、及时地、准确地、全面地介绍给世界，同时把世界儿童文学的信息、情形、态势、特点、前景介绍到国内，在中外儿童文学之间继续搭建交流的窗口与桥梁，让中外儿童文学家通过这扇窗户看到多彩的世界儿童文学风景。通过这座桥梁架起互通有无、互学互进的通途，蒋风也因持之以恒、乐此不疲、久久为功，在成为中国第一位国际儿童文学学会会员（1987）、亚洲儿童文学大会创会会长（1990）的基础上，此后10年间（1995—2005）先后担任亚洲儿童文学学会副会长（1997）、国际格林奖评委（1998），为中国儿童文学走向世界，搭建了更高平台，创造了更多机会，得到了更大发展。

蒋风在这10年间的中外儿童文学交流活动主要有：

（一）1995年，再次应香港大学邀请讲学，做《儿童文学与儿童教育》学术报告；出席上海承办的第三届亚洲儿童文学大会，做《激动人心的期待——经济腾飞给中国儿童文学带来什么？》专题发言。

（二）1996年4月，出席在南京召开的第八届世界华文文学研讨会，在会上作《走向21世纪的香港儿童文学》报告。

（三）1997年8月，参加世界儿童文学大会暨第四

蒋风（右）与新加坡作家协会主席黄孟文博士合影

届亚洲儿童文学大会,作题为《东西方文化撞击下的中国儿童文学》主题报告,并应韩国《童话与诗》杂志之邀,作《中国儿童文学的历史发展》演讲。同月,出席第三届东南亚华文文学研讨会,与新加坡作家协会主席黄孟文博士交流研讨。11月,出席在北京召开的世界华文文学研讨会,提交大会交流论文《展望繁花似锦的东南亚华文儿童文学》。12月,"世纪之交的东南亚华文文学"主题研讨会在厦门大学召开,应邀作《东南亚华文儿童文学的现状和未来》主旨发言。

(四)1998年4月,应英国加的夫大学来函邀请出席该校主办的"国际卡洛尔形象研讨会",提交大会交流论文《幻想的伟大胜利》。9月,推荐日本儿童文学家笠原肇来浙江师范大学任教一年。本年初,蒋风出版《海外鸿爪录》,收录参加海外儿童文学活动的演讲及考察论文。

(五)1999年12月,应邀出席在厦门大学举办的"东南亚华文文学回顾与展望研讨会"。

(六)2000年2月,应邀到香港大学中文系讲学10天,主讲《中西儿童文学之比较》。2月21日,香港《大公报》整版发表记者月尧的采访报道《发现生活中的美——著名儿童文学理论家蒋风先生谈指导儿童文学创作》。

(七)2002年1月,给台湾台东师院儿童文学研究生讲《关于儿童诗的美学

蒋风(右)与马来西亚作家协会副主席张发先生合影

思考》。7月4日至15日，应马来西亚作家协会副主席张发先生邀请赴马作巡回讲学。8月，出席在大连召开的第6届亚洲儿童文学大会，在会上作《从口水吐向安徒生到哈利·波特》发言。

（八）2003年1月10日至19日，到香港中文大学和香港教育学院讲学，并出席香港教育学院举办的"儿童文学与语文教学研究会"。12月，应邀到马来西亚作第二次全国巡回演讲，在马来西亚关丹社会大学开设"儿童文学理论与实践"课程，与马来西亚著名诗人吴岸先生重逢。

蒋风（右）与马来西亚著名诗人吴岸先生合影

（九）2004年5月26日至6月1日，应邀出席在浙江东阳横店举行的第八届中国国际儿童电影节活动。8月4日至9日，应邀出席在日本名古屋举行的第7届亚洲儿童文学大会。

（十）2005年1月，蒋风入选第十届"国际格林奖"提名奖。12月8日至12日，蒋风接待马来西亚作家协会副主席张发专程来家中拜访。

上述中外儿童文学交流日志显示，蒋风的主要活动圈在东南亚，主要活动组织方为华文文学大会和亚洲儿童文学大会，延续了第一个10年的活动特点，也与蒋风已是八十岁老人的精力有关，不适宜作长途远距离旅行，这也让蒋风正好可以将亚洲儿童文学与华文儿童文学结合起来，相互借鉴和融合，为中国儿童文学发展开辟了超越时空的具有中华文化背景的"大中华圈"儿童文学。也因应这一文学现象的出现，中国儿童文学在东南亚华文儿童文学中找到了发展新机遇，成为中国儿童文学走向世界的重要领域和巨大的交汇地带，借由华文儿童文学圈的影响，多了一条走向欧美非华文世界的途径。蒋风这一时期儿童文学对外交流的特点和意义都在这里。因而，随着华文儿童文学区域的形成和影响不断扩大，蒋风的交流方式逐渐集中在两大类：一是参加会议的交流论文；二是作为专家学者在当地开设儿童文学课程。会议论文具有鲜明的大会主题特色，课程内容主要与儿童教育相关。不论是会场还是课堂，蒋风研究论文的最大特色是与时俱进、深入生活，具有鲜明的实践性、探索性、普及性；论题的针对性、现实性、时代性不断加强，在方法上更多倾向于比较研究，在比较中讲述儿童文学基本理论、儿童文学发展历程、儿童文学创作规律、儿童文学阅读推广等系统内容，构建了中国特色儿童文学理论的独特体系和话语权，向世界传递了中国儿童文学的声音、观点与价值观。

蒋风非常重视对中外儿童文学交流理论成果的总结。在频繁的中外儿童文学学术交流中，蒋风写下了大量的介绍论文和在各国考察儿童文学的思考文章。1998年1月，蒋风将这些文章收集成册，出版了《海外鸿爪录》。2002年10月，又出版了《儿童文学史论》一书。通过这两本书，蒋风想让世界认识中国儿童文学，也让中国更进一步了解世界儿童文学。《儿童文学史论》一书的内容在上节已经有了专门介绍，这里介绍另一部文集《海外鸿爪录》。

《海外鸿爪录》，蒋风著，16万字，232页，由希望出版社1998年1月出版。全书收录了1985年到1997年间蒋风对外儿童文学交流论文及考察文章26篇，可以分为四类：1.关于儿童文学趋势的研判，包括《着眼于未来》《为什么要为儿童写作》《21世纪儿童读物的走向》等。2.关于中国儿童文学的介绍，包括《在"光荣的荆棘路"上跋涉——中国现代儿童文学四十年足迹》《中国现代儿童文学的历史和现

《海外鸿爪录》（1998）

状》《中国儿童文学研究如何走向世界》《我们为孩子们做了些什么——中国儿童的读书环境现状及存在问题》《感动的期待——经济腾飞给中国儿童文学带来了什么》《走向21世纪的香港儿童文学》等。3.关于中日儿童文学交流的思考，如《中日儿童文学交流的回顾及前瞻》《日本儿童文学的主流及现状》《中日儿童文学交流的一朵浪花——〈一百个中国孩子的梦〉日译本序》《〈世界名著中的小主人公〉序》等。4.关于东南亚等国家及地区的儿童文学观察，包括《跟新加坡朋友谈儿童文学》《为了孩子，为了未来——祝贺鸟越信先生荣获格林奖》《我所知道的韩国儿童文学——给友人的一封信》《尼泊尔儿童文学的主流及现状》《国外儿童文学研究机构简介》《孩子们喜爱木民特洛尔》《寄霍格德——往来于伦敦、金华之间的友情》等。5.关于儿童文学的考察报告，包括《儿童文学能生存下去吗——日本儿童文学现状之一》《反战儿童文学的新趋向——日本儿童文学现状之二》《京都

之旅——第四届环太平洋儿童文学会议纪事》《汉城掠影》等。

　　蒋风在《国外儿童文学研究机构简介》中重点介绍了以下机构：1. 德国法兰克福儿童文学研究所（创设于1963年）；2. 德国国际青少年图书馆（创设于1948年）；3. 瑞典儿童图书馆研究所（创设于1965年）；4. 芬兰儿童文学研究所（创设于1978年）；5. 美国国会图书馆附属儿童文学中心（创设于1963年）；6. 美国国际儿童文学中心（创设于1964年）；7. 美国儿童文学研究资料馆（创设于1949年）；8. 加拿大奥兹本珍藏馆（创设于1949年）；9. 南澳大利亚州立图书馆儿童文学所（创设于1959年）；10. 日本大阪国际儿童文学馆（创设于1979年）；11. 印度多民族儿童研究图书馆文献中心（创设于1979年）。对这些世界各地儿童文学研究机构的介绍，不仅开阔了国人的眼界，也看到了中国儿童文学研究机构的缺少和落后，这为此后蒋风倡导建立中国的"国际儿童文学馆"，形成了有利舆论。

第二章 续梦之旅

(1995—2005 下)

一、主编第一部《玩具论》

在创建中国儿童文学研究中心、免费招收非学历儿童文学研究生、举办全国儿童文学讲习会等一系列儿童文学推广与普及活动的同时，蒋风的儿童文学研究视野扩展到更为广阔的儿童文化，因为文学是文化的重要组成部分，儿童文学的发生首先是"儿童的发现"这一人类文明史上的儿童解放运动，儿童文学在本质上是以儿童为本位的进步文化的产物，因而研究儿童文学者当研究儿童文化。

儿童文化的实质是"以文化人"——以一种文化将儿童养育成人，其中玩具文化堪称儿童文化的代表。在蒋风看来，玩具是儿童的天使，游戏是人生的第一课堂，玩具游戏对一个人的成长有着不可忽视的作用。因而，正如著名学者于光远所说："研究玩具文化，这是一项伟大的事业，对于未来新一代聪明才智有着巨大的影响。"蒋风童年时就喜欢玩具游戏,和兄弟自制风筝放飞。工作后他对民间剪纸这一融玩具与游戏于一体的艺术，非常重视，亲自到民间调研，搜集资料，于20世纪50年代出版了《浙东戏曲窗花》(1954)和《金华民间剪纸选》(1955)。"文革"中,蒋风在民间搜集的很多儿童玩具及其资料,不幸都散失了。新时期迎来改革开放的大好时期,蒋风忙于恢复儿童文学课程、招收儿童文学研究生、担任大学校长,专业和校务工作非常繁忙。只是到了退休清闲下来,蒋风才有时间,旧题重启,从儿童文化与儿童文学双重视角,重新认识玩具的价值,研究玩具对儿童成长的作用和意义。

在研究儿童文学的同时,蒋风了解到欧美和日本等很多国家,都十分重视玩具理论的研究和推广,从玩具发展史到玩具文化,都有深入的研究。在美国大学里,就有《玩具学》的课程开设,还出版了洋洋大观的《玩具发展史》;在日本还设有专门的"玩具文化学院";法国、日本都有颇具规模的玩具博物馆。反观有数千年古老文化的中国,在余姚河姆渡出土文的物中就有不少玩具,包括陶制的小牛、小猪、小狗等,还有雕有花纹的石陀螺。中国玩具文化历史悠久,至少已有7000多年历史。全国各地的民间玩具更是琳琅满目,各具特色,但至今尚未有人对中国的玩具历史、玩具文化作过系统研究。

面对玩具文化研究的中外差异,蒋风有了一种发自内心的责任感,他利用出国参加国际学术会议的机会,对美、日、新、韩等国以及我国的港台等地玩具市场留心考察,对全国各地别具一格的民间玩具更是不失时机地作深入探索,采集了数以千计的精美玩具图片,组织对玩具有研究的教授、学者,发动自己的儿童文学研究生,集中儿童文学界和儿童文化界的集体智慧,花了近3年的时间,合力编撰了我国第一部图文并茂的理论著作《玩具论》,1996年由希望出版社出版,填补了我国玩具文化研究的空白。

蒋风在《后记》中对该书的成书过程作了较为详细的介绍：

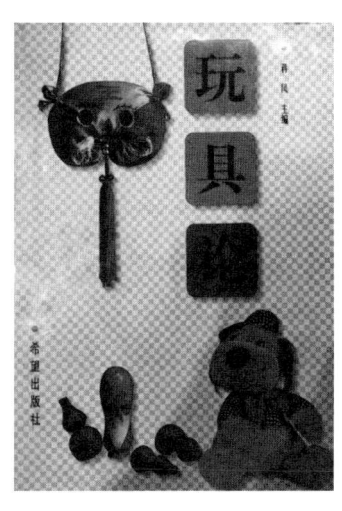

《玩具论》（1996）

这本《玩具论》，孕育于东瀛，诞生于神州。1994年2月，我有机会到日本作为期半年的讲学研究生活。这期间在日本参观了不少玩具店，也参观过玩具博物馆和玩具图书馆，又在国际儿童文学馆读到一些玩具专著，每月又有机会翻阅一份玩具月刊。那些琳琅满目、丰富多彩的玩具和玩具图片，常常吸引着我，也唤起了我童年的回忆，使我体会到玩具对一个人的健康成长的深远意义，深感玩具这一容易被人忽视的学术领域，在我国还很少有人关注，基本上是一片空白。因此萌发了作些探索和研究、撰写一部玩具理论书的想法。我在日本开始收集资料，并起草了《玩具论》的章节目录，为全书组织了基本框架。结束了半年的日本旅居生活，我又应邀到韩国参观访问，参观了韩国的一些玩具店，更有所启发，再联系以往出访美国、新加坡等国的所见所闻，更加促使我决心完成上述心愿。1994年9月，我从韩国回国，继续从海外收集这方面的资料，并得到周统、侯辛华、吴逸平、冯君等同志的热心协助，得到不少宝贵的资料。更幸运的是我的想法和努力得到希望出版社的赞赏，并将这部书列入重点选题计划，使我的研究计划能顺利进行。

我花了半年时间将从日本带回的资料和回国后从西欧得到的材料作了研究，走访了国内的一些玩具厂，将这些成果融进原先在日本起草的提纲。为了集思广益，我首先征得日本玩具研究专家、国际儿童文学馆专门员永田桂子女士的同意，参与本书的撰写。原计划请她会同国际儿童文学馆客座研究员杨汝贤君共同撰写"玩具历史"这一章，但由于路途遥远，联系不便，结果寄到的稿件成了《论儿童玩具》，与本书的体例不合，但时限不允许再请永田桂子和杨汝贤两位先生重写，只得请杨佃青同志，参考上述稿件和蔡炎燕同志提供的材料重新写了这一章。

《玩具文化》《玩具功能》两部分由内蒙古社会科学院张锦贻研究员承担。《玩具种类》《玩具制作》由安徽少年儿童出版社编辑韩进同志承担。其余部分则由陈炜、陈光祥、周兢、胡美华、郭六轮、蒋佐兵、蒋风撰写。图片整理方面丁贤土同志花了较多的心血。[①]

《玩具论》的出版成为儿童文化研究领域的一项重要成果，不仅受到学术界高度关注，而且很多玩具厂商将其作为本企业文化的必读书，在市场上很快脱销，蒋风也因此经常受到高校、研究机构以及玩具展商的邀请，请他作为专家学者举办玩具讲座，在交流过程中，蒋风也听到不少意见，在一书难求的情况下，大家纷纷希望蒋风能修订再版《玩具论》，蒋风也正有此意，平时就特别注意倾听读者对《玩具论》的修改意见，所以，很快他不

---

① 蒋风.玩具论：后记[M].太原：希望出版社，1996:193.

失时机地开展玩具文化调研,以期早日完成修订完善《玩具论》的心愿。

2000年1月4日至13日,蒋风应香港大学何万贯教授邀请,参加香港举行的"迎接儿童文学的春天"学术研讨会,蒋风作了3场专题讲座——《中西儿童文学比较》《张天翼——叶绍钧之后最引人注目的新星》《这样指导小朋友写诗》。这期间恰巧"2000年香港玩具展"举行,蒋风想方设法去展馆参观调研,回来

蒋风(左)参加香港"迎接儿童文学的春天"学术研讨会

后写下《走进童话世界——2000年香港玩具展巡礼》一文,做了热情、专业、详细的介绍,可见蒋风对玩具的重视、情怀和关注。

同一时期,蒋风还写有《从玩具对一个人成长的影响谈起……》《怎样为孩子挑选玩具》《最古老的玩具》《风筝,人类最早的飞行器》等文章,强调"如果说母亲是人生第一位老师,那么玩具应该是人生的第一本教科书。其实,这是一本0岁至100岁的教科书"[①]。因而,蒋风为玩具的学科建设不遗余力、始终不渝地奔走呼号。自2000年起,蒋风先后6次向浙江师范大学决策层提出在浙江师大创建玩具设计专业的建议。2009年,浙江师大终于作出了创建玩具设计工程专业的决定。2009年6月,蒋

---

① 蒋风.寻梦之旅[C].上海:上海三联书店.2012:165.

风应邀到浙江师大杭州幼儿师范学院参加关于申报设置玩具专业的论证会。

《玩具论》(2009)

这段时间,很多人都向蒋风教授寻求《玩具论》这本书,但出版社早已脱销了。2009年,出版社邀请蒋风重新修订《玩具论》,蒋风抓住这次机会,不顾年事已高,再度召集专业研究人员、20多位校内外专家参与撰写,对1996年版《玩具论》进行了大规模修订,亲自写《序》和《后记》。新版《玩具论》2009年12月仍然由希望出版社出版,约70万字,488页。全书分玩具概念、玩具历史、玩具民俗、玩具教育、玩具文化、玩具经济等6编18章,另有《结束语 玩具的现状及未来》《参考文献》,从历史、文化、教育、心理、审美、前景等诸方面出发,运用多学科研究方法,对玩具的生产、作用和发展进行了详尽论述,对玩具理论研究,玩具教育实践,玩具开发、设计、制造及指导玩具消费方面,具有重要的理论价值和参考意义。新版《玩具论》结构更合理,编写更精当,图文并茂,突出科学性、知识性、理论性、趣味性、可读性、丰富性,是中国最为完备的玩具理论专著,极具创造性的开拓价值和首创意义。2011年,《玩具论》获得第二届中国出版政府奖。

二、出版《儿童文学史论》

2002年10月,蒋风将自己半个世纪以来"从事中外儿童文学史教学和研究所写文字",汇编成《儿童文学史论》,由希望出版社出版。该书23万字,298页,集中代表了蒋风的儿童文学史观,蒋风"希望它能在我的生命史上留下一点痕迹"。

儿童文学史教学是蒋风儿童文学研究的源点。早在20世纪五六十年代,他在杭州的老浙江师范学院讲授的就是中国儿童文学史课程,结出了第一枚史论硕果——"具有中国第一部儿童文学史雏形"的《中国儿童文学讲话》(江苏文艺出版社,1959),很快被华南师大、南京师大等高校列为高校儿童文学教材,短短两年,连印3次4万余册,仍然供不应求。在此基础上,蒋风想

《儿童文学史论》(2002)

修订、增补为一本《中国儿童文学简史》。当时,北京出版社找到著名儿童文学作家金近,希望他能编写一本《中国儿童文学简史》。金近向出版社推荐了蒋风,蒋风因此结识了北京出版社的责编晏明。晏明是一位老编辑,还是一名诗人,文字编辑能力强,要求高。蒋风将编写好的《中国儿童文学简史》寄给晏后,晏明在认真修改后提出了很多宝贵的修改意见,还与蒋风反反复复谈了很多次,蒋风又花了半年多时间进行修改,自己感到满意后,准备请老朋友朱侃编辑审阅把关后再寄给晏明。

朱侃当时在《杭州日报》当副刊编辑。早在抗战期间,朱侃在金华《战地》刊物当编辑时,蒋风就与他结识。后来朱侃到了《民主报》做编辑。1942年,蒋风徒步一个月到建阳考大学时,因为身无分文,在朱侃那里住了整整一个月。不仅如此,朱侃还鼓励蒋风写作,也是从那时起,蒋风开始创作并先后有好几篇文章发表在《民主报》副刊上。新中国成立后,朱侃先后到《当代日报》《杭州日报》当编辑。蒋风对朱侃非常信赖,就将修改后的《中国儿童文学简史》寄给他,希望他能审阅并提出意见。然而,"文革"爆发,朱侃被抄家,蒋风的《中国儿童文学简史》也在毁于一旦,从此杳无踪迹。

进入新时期,蒋风开始招收儿童文学研究生,开设儿童文学课,因教学与研究的需要,他组织儿童文学研究室(所)和儿童文学研究生一起,主编出版了《中国现代儿童文学史》(1987)、《中国当代儿童文学史》(1991)。1998年1月,蒋风与其研究生韩进合著中国第一部儿童文学通史《中国儿童文学史》,由安徽教育出版社出版。

在蒋风主编的各类儿童文学史著作中,总领全书精神的《绪论》《序言》类重要文字,蒋风都亲自撰写。在编写各类儿童文学史的同时,蒋风还应邀到国内外讲授中国儿童文学史。这类重要文论跨越时间长,又受到特定载体的局限,读者难以读到,而对研究中国儿童文学特别是研究儿童文学史的同行是不可多得的学习资料。为了将著述与讲演中有关儿童文学史论的资料集中起来供学者与研究者参考,蒋风选编了《儿童文学史论》。

《儿童文学史论》共收入蒋风儿童文学史专论16篇,均为新时期以来发表过的、有影响的儿童文学史论,目录如下:

一、世界儿童文学的萌芽和成长

二、中国儿童文学的传统及发展

三、世界幼儿文学的历史发展

四、中国幼儿文学的历史发展

五、这是一个迷人的世界
　　——世界童话前进的步伐

六、东亚儿童文学百年回眸

七、东南亚华文儿童文学的现状及未来

八、东西文化撞击下的中国儿童文学

九、中国儿童文学的回顾与前瞻

十、中国儿童诗歌发展七十年的脚印

十一、中国儿童文学：四十年艰难曲折的道路

十二、近二十年来中国儿童文学的走向

十三、走向21世纪的香港儿童文学

十四、从中国诗艺美学传统看海峡两岸的儿童诗

十五、一段艰难而曲折的前进道路
　　——四十年来的中国儿童文学研究

十六、方法论也是理论
　　——中国儿童文学理论建设的一环

　　从目录可以看出，《儿童文学史论》内容丰富，视野开阔，观点鲜明，具有开创性、探索性和权威性。16篇文论涵盖中外儿童文学，包括儿童文学与幼儿文学两大类型，童话与童诗两大体裁，创作与理论两种视角，特别是对东南亚以及港台华文儿童文

学发展的关注,将中国儿童文学与华文儿童文学相联系,将史学眼光与区域视野相融合,以史为线,兼顾评论性与理论性,是集中代表蒋风儿童文学史观的重要著作。

从世界范围内看儿童文学的发展历程,蒋风认为,在人类社会的漫长时期,少年儿童只能从人民的口头创作中汲取文学营养,而儿童文学也就在人民口头文学中逐渐萌芽,在作家的笔下缓慢成长。14至17世纪在欧洲掀起的一种人文主义思潮,把文学引入课堂,为后世儿童文学独立后进入教材开了先声。18世纪的格林童话与19世纪的安徒生童话从民间文学和教育读物中走向独立的文人创作,开创了一个自觉的"儿童文学时代"。[1]

相比之下,中国是世界文明古国,我们的祖先创造了光辉灿烂的古代文化,产生过许许多多包括人民口头创作在内的富有人民性、儿童性的文学珍品,形成了悠久的文学艺术传统,成为中国儿童文学的历史遗产及传统。19世纪末20世纪初,近代资产阶级改良运动,在"开启民智"中关注到儿童的身影,直到1919年五四新文化运动爆发,"人的文学"催生"儿童的文学",在陈独秀、胡适、鲁迅、周作人、茅盾、郭沫若、郑振铎、冰心、叶圣陶等一批进步文学家的呐喊声中,中国现代文学进入"儿童文学独立"的新时期。1921年中国共产党成立后,进步儿童文学界自觉接受党的领导和影响,经历了"左联"时期、抗日战争和解放战争时期的磨炼,找到了一条以苏联为榜样的社会主义方向的发展道路。随着1949年中华人民共和国成立,中国儿童文学自

---

[1] 蒋风.世界儿童文学的萌芽和成长[C]//儿童文学史论.太原:希望出版社,2002:1—20.

觉进入社会主义革命和建设时期，开创了自五四儿童文学第一个黄金时代之后，新中国儿童文学的第二个黄金年代。此后虽然受到"文革"10年的干扰，但在新时期拨乱反正中迎来新生，很快强势反弹，开创了新时期儿童文学的第三个黄金年代。

蒋风认为，中国儿童文学的发生及发展的一个重要特征，与东西文化两次撞击密切相关："即五四时期的反对旧道德、提倡新道德，反对旧文学、提倡新文学和'文革'后的新时期的历史反思、改革开放。这两次东西文化的撞击，都给中国儿童文学带来深远的影响。"具体来说，"在第一次东西文化撞击下诞生中国现代儿童文学"，虽然"五四"新文化运动催生中国现代儿童文学的过程，"当然是受了西方的影响"，但中国儿童文学仍然在6个方面有别于西方儿童文学：一、比较崇尚理性；二、重视教育意味；三、强调人格培养；四、忽视儿童本位；五、缺乏浪漫气质；六、较少荒诞怪异。"在第二次东西文化大撞击下，中国儿童文学走向多元"，也呈现出6个方面的特点：一、审美意识的觉醒；二、教育观念的改革；三、游戏精神的张扬；四、浪漫色调的加强；五、现实精神的回归；六、民族意识的倡导。蒋风相信，"在中西文化的撞击下，取长补短，相互交流，相互学习，将开创一个儿童文学百花争艳的繁荣景象。"①

蒋风对当代儿童文学的发展实绩和突出成就给予高度概括：一、形成了一支专业化的队伍；二、打破了儿童文学自我封闭的系统；三、提高了儿童文学的文化品位；四、初步建构了有民族

---

① 蒋风. 东西文化撞击下的中国儿童文学[C]//儿童文学史论. 太原：希望出版社，2002:115—118.

特色的儿童文学理论体系。对当代儿童文学的历史经验和教训给予充分关注：一、儿童文学的繁荣发展，需要一个政治稳定、经济发展、关心儿童的社会环境；二、摆正儿童文学与政治的关系；三、正确理解儿童文学与教育的关系；四、处理好继承传统与吸收外来文化的关系；五、一定要按儿童文学本身的艺术规律办事。对新时期以来儿童文学转型期的巨大变化和走向作出科学预判：一、儿童文学观：从单一的教化功能走向多功能的认同；二、儿童文学创作思想：从单一的意识形态走向多元化；三、儿童文学创作方法：从单一的传统模式走向多元；四、儿童文学研究：从单一的认识论视角出发走向多维联系的有机整体观。

综观中国儿童文学自"五四"新文化运动以来的自觉发展史，蒋风指出：一、发展阶段：走过了自发到自觉的漫长道路，其深刻的社会、历史原因有5个方面：1.人的现代化；2.语言的现代化；3.儿童观的进步；4.普及教育的驱动；5.外国儿童文学的影响。二、发展特点：从中国独特的人文背景去考察，有5个特点：1.源远流长，遗产丰富；2.发展特别缓慢；3.起步晚，起点高；4.一贯注重教化；5.鲜明的民族风格。三、经验教训：从一个参照系看，根据《大英百科全书·儿童文学》所列发展标准，从10个方面来考量中国儿童文学的发展水平：1.对儿童的了解；2.超越被动地依赖口头文学、民间传说所取得的进步；3.一支专业儿童文学作家队伍的兴起；4.摆脱权力控制的程度；5.具有国际声誉的第一流作品的数量；6.新的形式和风格的创造及对传统形式等方面的开拓；7.依赖翻译作品的程度；8.基础作品的数量；9.辅助性儿童文学书籍的数量；10.各种与儿童文学有关机构的发展水平。四、展望未来：激动人心的期待。中国儿童文学面临着市场经济的冲击与挑战，不用悲观，不用哀叹，只要有儿童，就会有儿童对文学的需要。一部世界儿童文学史就足以证明：儿童文学作为文学的一个独立分支，就是伴随着商品经济发展的结果。从长远的观点看，商品经济的发达带动整个经济的腾飞和作为文化重要一环的儿童文学的发展，是可以起到相互提升作用的。面对转型期的中国社会，儿童文学出现暂时的困境，也是走向新儿童文学振兴的起点，关键是儿童文学家们应该考虑孩子们的期待，以我们无私的爱，开创儿童文学的新时代。①

蒋风非常重视华文儿童文学的发展，写下一系列专题论文，如《东亚儿童文学百年回眸》《东南亚华文儿童文学的现状及未来》《走向21世纪的香港儿童文学》《从中国诗艺美学传统看海峡两岸的儿童诗》等。

蒋风认为，亚洲大多数国家受到经济发展滞后的影响，儿童文学整体"尚处于萌发阶段"。以东亚地区为例，儿童文学作为一种独立形态的出现，大约在19世纪末20世纪初，晚于西方一个世纪，也晚于各国的成人文学，"这是亚洲儿童文学发展史上的一个明显特点"。从日本、中国、朝鲜3国儿童文学萌芽的历史看，都与民间文学有着天然的关系"，同时，"一方面从本国的民间文学和古典文学中寻找素材进行加工改写，另一方面则是向儿童文学起步较早的西方儿童文学借鉴，通过翻译以应急需。这是东亚各国儿童文学历史发展的另一个共同的特点"。20世纪自觉起来的儿童文学，很快受到经济萧条、政治裹挟、战乱内乱等

---

① 蒋风. 中国儿童文学的回顾与前瞻[C]//儿童文学史论. 太原：希望出版社. 2002:119—159.

多重因素的破坏性影响，发展不仅非常缓慢，而且脱离了艺术轨道，成为被利用的工具，儿童文学作家队伍也极端严重分化，儿童文学发展全面进入挫折期。只是到了20世纪七八十年代，"东亚各国经济先后复苏并快速发展，出现了前所未有的兴旺景象，儿童文学也进入繁荣期"。以日本为代表的儿童文学，出现了两个发展方向："一种是受市场经济支配，追随大众儿童文化的儿童文学；一种是沿着纯文学的艺术道路所确立的思想和文学的信念，继续不断追求的作品。"中国儿童文学从作家队伍、作品数量、学术团体、出版机构、教学活动等多方面得到快速发展，进入黄金年代。属于中华文化一部分的台湾儿童文学，"它的萌发、发展与中国大陆基本上同步，但由于政治、地理、经济等原因，又明显具有它自己的特点"。1945年台湾光复以后至20世纪70年代以前，"还是处于播种期"。朝鲜儿童文学得到长足发展，韩国儿童文学后来居上。进入全球化信息时代，东亚各国儿童文学发展都面临同样的挑战，随着互联网时代的到来，儿童阅读方式与儿童文学生产方式因为互联网技术普及带来新变化，在儿童文学图书市场萎缩的表象下，其实是儿童文学获得方式呈现多元化，但关于儿童文学发展的一些基本的规律依然发挥作用，这就是：一、儿童文学应该建立在以儿童为本位的基础上，是儿童观进步的产物；二、儿童文学的发展繁荣，需要一个经济发展的社会环境；三、战争是儿童文学的大敌；四、儿童文学作为儿童人生教科书的作用没有改变；五、走向全球化的今天，儿童文学"最没有国界"，为人类交流和走向美好明天将会作出应有的贡献。与东亚儿童文学发展相比，东南亚华文儿童文学与华人社会密切相关，"走过一段漫长的从自发到自觉的路"，在华人较为集中的新加坡、马来西亚、菲律宾、泰国等国家和地区形成一种明显的文学现象，其兴起的社会和时代背景与以下因素密切相关：一、摆脱了殖民主义的枷锁；二、整个社会发展摆脱了经济贫困；三、社会人口结构的变化；四、儿童观、教育观的进步。蒋风认为，"东南亚华文儿童文学必然会随着聚居在东南亚的华族的繁衍及地位的提升、随着东南亚区域经济的腾飞而迅速发展。"①

在世界儿童文学背景下，在中西儿童文学发展比较中，蒋风对幼儿文学、童话、童诗、理论研究都发表了自己的意见。关于"幼儿文学"部分，下一节将专题论述。收入《儿童文学史论》的《这是一个迷人的世界——世界童话前进的步伐》是蒋风主编《世界童话鉴赏辞典》时写的长篇序言，《中国儿童诗歌发展70年的脚印》是蒋风主编《中国儿童文学大系·诗歌卷》写的长篇序言，这部分内容在之前的"儿童文学资料"建设部分已有介绍，这里不再重复。《一段艰难而曲折的前进道路——40年来的中国儿童文学研究》和《方法论也是理论——中国儿童文学理论建设的一环》两篇文论，是蒋风少有的对新中国40年儿童文学理论研究与理论建设的史学观察，在蒋风的儿童文学研究中占有重要位置。

这里所说的40年，是指1949年新中国成立到1989年的当代儿童文学。蒋风认为，当代40年中国儿童文学研究"走过了一条非常艰难曲折的道路"，它与中国当代文学同呼吸共命运，"有过蓬勃萌发的生机，也有过万马齐喑的暗淡时光，至今仍是一棵较为稚嫩的幼芽"，"整个中国学术界对儿童文学的探讨与

---

① 蒋风. 东南亚华文儿童文学的现状与未来[C]//儿童文学史论.太原：希望出版社，2002:109—114.

研究，都与十多亿人口的大国很不相称"。蒋风强调，"一定的文学创作总是要求和呼唤着人们进行相应的文学理论建设。为了加快中国儿童文学事业的发展，儿童文学研究成了一项刻不容缓的迫切任务"。正是基于这一基本认识，蒋风对40年当代儿童文学研究进行史学整理，将其分为4个阶段：一、新中国17年儿童文学研究的崭新气象。表现在3个方面：1. 一批有相当水平的作家作品论，主要评论家有束沛德、陈伯吹、袁鹰、金近等；2. 一系列有价值的儿童文学基本理论研究学术论文，主要研究者有宋成志、贺宜、陈伯吹、蒋风等；3. 儿童文学史论研究取得新进展，主要史论作者有宋成志、蒋风等。二、"文革"10年儿童文学研究的极"左"表现，否认儿童文学的特殊性，将新中国17年儿童文学打成"毒草"，强调政治挂帅，写阶级斗争。三、新时期儿童文学研究的繁荣倾向，表现在4个方面：1. 儿童文学研究更多地关注着发展变化中的儿童文学创作实践，并从现实的实践中不断汲取新的理论滋养；2. 中国儿童文学研究正在使基本理论课题向纵深推进，如何正确理解儿童文学的特点及其特殊性问题成为儿童文学研究的基本课题之一；3. 努力建设和发展具有中国特色的儿童文学理论体系；4. 方法论的问题也开始引起中国儿童文学研究者们的重视。① 在充分肯定40年中国儿童文学研究成就的同时，蒋风也清醒地指出儿童文学研究存在的不足：一、与世界文艺大潮相比，儿童文学研究仍然处于薄弱环节；二、研究中搬用新名词新术语过多，对儿童文学本身的艺术规律

---

① 蒋风. 一段艰难而曲折的前进道路：40年来的中国儿童文学研究[C]//儿童文学史论. 太原：希望出版社，2002:270—282.

探索不够；三、儿童文学研究与儿童文学创作实践有脱节现象，反映和引导儿童文学创作发展的作用发挥不足；四、与建立具有中国特色的完整的儿童文学理论体系的目标还有一段很大距离；五、儿童文学研究存在重理论而轻方法的片面认识。①

三、重新发现"幼儿文学"

在新中国儿童文学研究中，蒋风是最早关注幼儿文学的理论家。早在1962年7月，蒋风在少年儿童出版社出版的《儿童文学研究》发表论文《幼儿文学的语言》，成为中国儿童文学界研究幼儿文学的经典名篇，收入各类论文选本，其基本学术观点至今仍然有学术价值和启发意义。新时期浙江师范学院在恢复儿童文学课后，于1982年举办首届全国幼师、普师儿童文学教师进修班，以后每两年举办一届，至2022年40余年没有中断，意味着、至2022年共举办了21届幼师幼儿文学教学研讨交流会。新时期之初蒋风编选的《中国传统儿歌选》（1983）和《中国创作儿歌选》（1984），被业界誉为"中国幼儿文学珍品"②。1986年3月，中国出版工作者协会幼儿读物研究会在石家庄成立，蒋风应邀在会上作《从皮亚杰学说看幼儿文学的基本特点》的讲座。进入退休阶

---

① 蒋风.方法论也是理论：中国儿童文学理论建设的一环[C]//儿童文学史论.太原：希望出版社，2002:283—288.
② 卢敏秋.中国幼儿文学珍品：《中国传统儿歌选》《中国创作儿歌选》[C]//周晓波主编.筚路蓝缕：圆梦中国儿童文学事业——祝贺蒋风教授90华诞暨从事儿童文学事业70周年纪念文集.杭州：浙江工商大学出版社.2015:107.

段，蒋风把更多精力放到幼儿文学教学、研究与交流上，写下了《幼儿成长的必需精神食粮——试探故事在幼儿教育中的意义和作用》《中国幼儿文学的又一次大检阅——庆贺〈中国新时期幼儿文学大系〉出版》（1998）等文章，并陆续主编《幼儿文学教程》《幼儿文学作品选》（东南大学出版社，1999）、《幼儿文学概论》（希望出版社，2005），为幼儿文学学科建设做出了突出贡献。

在《儿童文学史论》（2002）中，蒋风有两篇重要文章论述幼儿文学——《世界幼儿文学的历史发展》《中国幼儿文学的历史发展》。蒋风研究发现，公元7世纪一位名叫阿尔丹（640—704）的英国人用拉丁文写的一本儿童诗集中，有一篇《七言故事》，用来说明《圣经》内"七"的数目意义和用法，其中选用了很多谜语，又采用歌谣的形式，便于幼儿接受，可算是世界上最早专为幼儿创作的一本文学读物。该书问世800年间，直到15世纪，几乎所有为幼儿写的读物，都采用问答或诗歌的形式写成。1657年，捷克教育家夸美纽斯（1592—1670）的图画书《世界图解》，是一部为幼儿和低年级学生创作的教科书式的启蒙读物。1697年法国学者贝洛（1628—1703））汇集民间故事的《鹅妈妈的故事》，成为那个时代"我们中间每个人上学前就已读过的古典著作，是我们中间每个人在识字前就已经读过的古典著作"，"是一本有着悠久历史的幼儿文学作品"。英国出版商纽伯瑞（1713—1767）于18世纪50年代在伦敦为孩子开设了世界上第一家儿童书店，为孩子出版的带有插图的"袖珍好书"，为后世幼儿文学奠定了坚实基础。19世纪幼儿文学在英国、意大利、德国、法国、俄罗斯等欧洲发达国家得到长足发展，20世纪进入繁荣发展时期。美国图书馆协会的"纽伯瑞奖"（1922年设立）、英国图书馆协会的"卡内基奖"(1935年设立),以及"卡德可特奖"(1937年设立)、安徒生奖(1956年设立)等奖项中都有图画书奖,直接推动了幼儿文学的独立发展。

在《儿童文学史论》出版后,蒋风在同时期出版的另一部重要文集《蒋风儿童文学论文选》(接力出版社,2005)里,就收录了他20世纪60年代初研究幼儿文学的两篇重要论文《幼儿文学与幼儿心理》(1960)[①]和《幼儿文学的语言》(1962)[②]。蒋风开宗明义,指出:"我所谈的幼儿文学,指的是专门为学龄前期的儿童和学龄初期七八岁的儿童所创作的文学。""为

《蒋风儿童文学论文选》(2005)

什么要单独提出幼儿文学来加以讨论呢?这是由于幼儿文学所服务的对象——那些小娃娃们,在感觉、知觉、注意、记忆、想象、思维、感情和意志等方面,都有一定的特点;他们在思想认识、生活经验和兴趣爱好等方面,和稍长于他们的哥哥姐姐们也有所差异。这是一个作家为他们写'大文章'时所不能不考虑到的。"

蒋风认为,幼儿文学是最具有儿童文学特质的文学,因为儿

---

① 蒋风. 幼儿文学和幼儿心理 [J]. 儿童文学研究. 1960(1).
② 蒋风. 幼儿文学的语言 [J]. 儿童文学研究. 1962(7).

童文学较之成人文学的特殊性，突出表现在其读者对象——少年儿童的特殊性，儿童的年龄越小，特殊性越大，儿童文学的特征就越明显。发现"幼儿文学"，率先研究"幼儿文学"，是蒋风对中国儿童文学史论研究和儿童文学学科建设的又一重大贡献，在中国儿童文学界具有开拓性价值和引领性作用。特别是对中国幼儿文学发展的论述，开启了中国儿童文学界的"幼儿文学派"，对中国幼儿文学创作发展意义重大。蒋风认为，中国幼儿文学的发生发展与中国儿童文学同步，本来就是中国儿童文学一个重要组成部分，萌芽于五四新文化运动中，经过半个世纪的缓慢发展，在新时期开始从儿童文学中独立出来，其标志有四：一、一批高质量的幼儿文学作品的产生；二、一批专业写作幼儿文学的作家诞生；三、批独立研究幼儿文学的理论著作问世；四、幼儿读物出版的兴旺发达。蒋风列举了一系列幼儿文学发展成果来展示中国儿童文学发展水平，如海燕出版社的《中国幼儿文学精华》、安徽少年儿童出版社的《中国著名作家幼儿文学作品选》、明天出版社的《中国幼儿文学家丛书》，特别是重庆出版社的《中国幼儿文学集成》6编10卷，对1919年至1989年的中国幼儿文学创作与理论作了一次大检阅。还有1998年未来出版社的《中国新时期幼儿文学大系》6编7卷，对20世纪80年代以来的新时期幼儿文学发展作了又一次历史性总结，在时间上与重庆出版社的《中国幼儿文学集成》相衔接，标志着中国幼儿文学走向成熟，成为最具有儿童文学特征的文学现象，展示了中国当代儿童文学的发展水平。

蒋风主编的《幼儿文学概论》《幼儿文学教程》《幼儿文学作品选读》陆续出版，有多个版本，构建了完整的幼儿文学学科体系和教学体系。这里仅以东南大学出版社1999年版的配套教材

《幼儿文学教程》《幼儿文学作品选读》为例,由此可见蒋风的幼儿文学教材的编写思想和教材自身的系统化建设。

《幼儿文学教程》,蒋风主编,全书 23.8 万字,322 页。该书由全国 20 多所幼儿师范名校的教师共同编写,作为幼师必修课教材,既适合幼师专业作为幼儿文学教本,又是参加自学考试、评定职称的进修教材;同时也是从事幼教、保育、家庭服务等方面工作的人们很有价值的参考书。

《幼儿文学教程》全书共 17 章。在《引论》《幼儿文学基本常识》《幼儿文学的历史发展》3 章基础

《幼儿文学教程》(1999)

上,分章介绍《幼儿画书》《儿歌》《幼儿谜语》《幼儿诗》《幼儿故事》《幼儿童话》《幼儿寓言》《幼儿散文》《幼儿小说》《幼儿科学文艺》《幼儿戏剧》《幼儿影视》《幼儿文学与游戏》《艺术性朗读与讲故事》。蒋风亲自撰写第三章《幼儿文学的历史发展》。根据教学需要,书中对幼儿文学的本质、历史、体裁、鉴赏、创作及其在幼儿教育中的运用与设计,从理论的角度,结合具体作品进行阐释,既注意理论的系统性,又注意叙述的深入浅出。既在观点和材料组织上保证其经典性,又较好地吸收当今学科研究与创作实践中的研究成果,使教材具有系统性、科学性与时代性相融合的特点。各章后还列有"思考与练习题"、参考书目。最后的附录则给出了经典的"幼儿文学必读参考书目",方便读者自学。

《幼儿文学作品选读》（1999）

《幼儿文学作品选读》作为《幼儿文学教程》的配套教材来设计安排，力求与《幼儿文学教程》相辅相成，凡《幼儿文学教程》中所提到的作品，择要选入，做到少而精，既可帮助读者理解各种幼儿文学体裁的本质特征，又尽可能注意各类风格作家的代表性，便于读者领略不同历史时期的幼儿文学风貌，概览幼儿文学发展的概貌，借以提高幼儿文学方面的素养。同时也为幼儿教育工作者和年轻的家长提供了一本给幼儿讲故事的蓝本。全书按《幼儿文学教程》的体裁顺序编排，每篇作品后面附有作者简介和作品简析，帮助读者进一步了解作家和作品。

四、荣获"特殊贡献奖"和"突出贡献奖"

蒋风离休10年（1995—2005）间，发挥余热，继续研究儿童文学，普及儿童文学教育，培养儿童文学新人，对外宣传中国儿童文学，获得业界敬仰，先后获得台湾第八届杨唤儿童文学特殊贡献奖（1999）、台湾第六届小白屋幼儿诗奖荣誉奖（2000）、第六届宋庆龄儿童文学奖特殊贡献奖、浙江省人民政府第五届鲁迅文艺奖突出成就奖（2004）、浙江省关心下一代工作先进个人（2004）、亚洲儿童文学学会共同会长推戴奖（2004）、第十届国际格林奖提名奖（2005）和全国关心下一代先进工作者（2005）等。在众多荣誉面前，蒋风最看重宋庆龄儿童文学奖特殊贡献奖和鲁迅文艺奖突出成就奖。

2003年10月19日，第六届宋庆龄儿童文学奖评选揭晓并在京举行了颁奖典礼。这届共有3部作品获大奖，16部作品获佳作奖，3位青年作家获新人奖。特殊贡献奖是第洋届新设的奖项，评选对象是70岁以上，在儿童文学领域（组织领导、翻译、理论研究、评论、教学等方面，不包括创作）做出卓越贡献者。著名儿童文学理论家蒋风，著名儿童文学翻译家、作家任溶溶，著名儿童文学评论家束沛德，著名儿童文学理论家浦漫汀等4位儿童文学家获得这项殊荣。

第六届宋庆龄儿童文学奖特殊贡献奖颁奖典礼现场。自左至右依次为：任溶溶、蒋风、顾秀莲、浦漫汀、束沛德

宋庆龄儿童文学奖是当代中国最有影响力的儿童文学奖，与

宋庆龄儿童文学奖采访现场。从左至右为主持人董浩、蒋风、束沛德

中国作协全国儿童文学奖并称中国儿童文学界两大儿童文学奖。宋庆龄儿童文学奖是由宋庆龄基金会、文化部、教育部、广播电影电视总局、共青团中央、全国妇联、中国作协和中国科协联合主办的权威奖项，设立于1986年，每2至3年评选1次，以宋庆龄"益善、益智、益美"的儿童教育观为指导，通过表彰优秀作家作品推动儿童文学的繁荣和发展。

蒋风代表获得宋庆龄儿童文学奖特殊贡献奖4位获奖者发表获奖感言，并接受中央电视台采访。中央电视台在1套晚间新闻中播放了采访新闻。

蒋风在获奖感言中说：

> 我感谢评委会授予我这项伟大的以宋庆龄的名字命名的儿童文学奖特殊贡献奖。
>
> 这项崇高的特殊贡献奖今年第一次领奖，就落在我这个"丑小鸭"身上，我感到惊喜，也感到幸福，内心充满感激之情。但我也感到有点受之有愧，因为我只不过做了点我应该做的事。
>
> 我一直想，要有追求，活着才有意义。我的理想是要为孩子们做点力所能及的事，开始想为孩子们写点既有益又有趣的作品。可是到了20世纪50年代前期，因为学习苏联，

要在师范院校开设儿童文学课,一个误会改变了我想成为一名儿童文学作家的道路,而走上了大学儿童文学课的讲坛,但我为孩子们做点事、为繁荣儿童文学事业出点力的初心没有变,而且成为我一生的追求,一直奋战到我离休。我早逾古稀之年,离休也有8年了,我仍孜孜以求地工作着。离休后又单枪匹马地办了个民办的中国儿童文学研究中心,义务招收了一批批非学历儿童文学研究生,还以离休津贴办了一份《儿童文学信息》报。我没有用日历计算自己的年龄,这会让你越算越老,我常常忘记了自己的年龄。我想,理想与追求与年龄无关,我每天都有自己的梦、自己的追求。

儿童是人类的未来,儿童文学是人生最早的教科书。我就是基于这一理念毕生从事儿童文学工作的。我认为在这世界上再没有比儿童文学事业更有希望、更有意义的了。

我们都有一个共同的梦,相信未来的世界一定会比今天更美好,而那个更美好的未来世界是依靠一代又一代的儿童成长后来建造的。因此通往那个美好世界的重要途径之一就是儿童文学。

因此,宋庆龄儿童文学奖这份荣誉是崇高的。它的真正含义就是义务为孩子的健康成长而贡献心血。

今天我获得这份荣誉,意味着过去数十年所做的那点平凡的工作,得到了社会的承认和尊重。我会珍惜这种认可,决不会因这项荣誉而沾沾自喜。我会把它当作新的起点,作为攀登的台阶,尽自己最大的努力,在有生之年为儿童文学事业再做一点工作。我愿为它工作到生命最后一刻,至少到丧失工作能力为止。

让我再次衷心感谢评委会和关心儿童文学的社会人士对我的平凡工作的承认与肯定。

谢谢大家!①

2003年11月21日,金华市文联、作协联合主办"庆祝蒋风教授文学创作与研究60周年座谈会",浙江师大党委副书记梅新林,金华市委常委、宣传部部长杨守春,金华市作协主席王槐荣等出席座谈会。浙江师大退休教授、蒋风的同事、著名世界儿童文学专家韦苇先生,浙江师大教授、蒋风的学生、著名儿童文学理论家方卫平先生,以及蒋风的学生、作家、教师等20余人参加座谈会并发言。

杨守春部长说,蒋风教授是国际儿童文学研究会第一位中国会员,60年来硕果累累,桃李满天,就在上个月,还获得了中国最具影响力的宋庆龄儿童文学奖首次颁发的特殊贡献奖,而获得这个奖项的全国只有4位,因此,他特地赶来祝贺,并希望金华的文学艺术能继承和发扬蒋风教授的光荣传统,弘扬先进文化,把金华建设成浙江中西部的文化大市。

浙江师大党委副书记梅新林教授说,蒋风教授开创的儿童文学事业是浙江师大也是金华的宝贵财富,他的努力工作在儿童文学界开创了好几个"中国第一",使浙江师大成为中国的儿童文学研究中心,他给人们很多启示,值得好好总结。

金华市文联副主席、市作协主席王槐荣在会上说,金华文学界很多作家是蒋风教授亲手培养起来的,他自己也是听了蒋风教

---

① 蒋风.追梦之旅[C].上海三联书店.2012:60-61.

授的一句话，才在文学道路上一直奋斗到今天的。

蒋风教授的老同事、浙江师大退休教授韦苇说，蒋风不但是儿童文学作家、研究家，更是儿童文学的建设家、活动家。他的儿童文学研究几乎是与中国儿童文学同步的，他在中国首开了儿童文学硕士招生，创办了儿童文学研究所，自1982年开始连续多次开办了中国儿童文学教师进修班。可以说，他自己就是"一部中国儿童文学史"。

著名儿童文学理论家、浙江师大教授方卫平是蒋风教授的学生。他认为，蒋风教授作为中国儿童文学事业的建设者，很重要的是发挥他巨大的创造力和想象力，很多事情人们连想都不敢想的时候，蒋风教授就在坚持不懈地做了，而且，也都做成了。比如，蒋风教授开创的异常活跃的对外交流活动，都是想在人前、做在人前的。他的宽厚的胸怀和风格，也给他的无数学生留下了难忘的印象，成了很多后来成为教师的学生们努力追求的目标。

座谈会越开气氛越热烈，不少年轻学者和文学界人士都谈了自己与蒋风教授的一些交往和感受。程丽萍女士是环城小学的一位教师，也是蒋风教授离休后带的非学历儿童文学研究生之一。她谈了自己向蒋风教授学习和在小学开展儿童诗歌教学的体会。她说，儿童文学对中小学教师来说太重要了，如果中小学教师不增加文学修养尤其是儿童文学修养，那么适应新课程改革将是很困难的。

青年诗人董正勇当场写了一首诗，在座谈会上朗读，其中一句给人的印象很深："他是一个把一切献给未来的人……没见过比他更纯洁的人，他的微笑来自孩子的脸庞……"婺城区宣传部副部长李英提出，蒋风教授是金华文学界的一面旗帜，要以他为榜样,开创金华文学艺术的新局面。

曾多次采访过蒋风教授的浙江师大信息技术部主任金明生讲述了蒋风教授献身儿童文学事业的一些事迹,总结了蒋风教授走向成功的主要因素,他引用了蒋风教授自己做的一个形象比喻:"做花瓣上的雨露,是我一生的追求。"

座谈会上,市文联、市作协给蒋风赠送了礼物,一位画家还给蒋风送上了自己的作品。

蒋风很开心,他高兴地告诉大家一些儿童文学界的信息,说深感儿童文学受到了越来越多人的重视,儿童文学事业大有可为。蒋风感谢浙江师大和金华市文艺界给予他的肯定和鼓励,表示尽自己最大努力,在有生之年为儿童文学事业再做一点工作。

2004年5月26日上午,浙江省文艺界最高奖项、两年一度的鲁迅文学艺术奖在西湖边的大华饭店颁发。浙江省委副书记梁平波,省委常委、宣传部长陈敏尔,副省长盛昌黎等领导出席颁奖会,对浙江省两年来的文艺创作情况来了一番大检阅,同时向获奖的作家、艺术家表示热烈祝贺。蒋风、吴海燕、胡梦桥、吴品禾4位有影响的艺术家获得突出成就奖。

浙江鲁迅文学艺术奖评奖活动开始于20世纪90年代,2年1届,是列入浙江省人民政府表彰项目的全省文学艺术界最高荣誉奖。评奖范围涵盖文学、戏剧、电影、电视剧、美术、书法、摄影、音乐、舞蹈、曲艺、杂技、民间文艺等诸多门类,既是对浙江省文学艺术创作事业中有突出成就的文艺工作者的表彰奖励,也是对浙江省文学艺术界优秀文学艺术作品的全面检阅与展示。2004年第5届鲁迅文学艺术奖面向的是2001年至2002年度在国内和省内有突出贡献的文艺工作者以及产生重大影响的文学艺术作品。浙江鲁迅文学艺术奖共设"荣誉奖""突出成就奖""优秀成果奖"和"提名作品"。"突出成就奖"获得者须是在文学艺术领域取得公认的突出成就，在国内外产生重大影响，为促进和繁荣浙江省文学艺术事业做出突出贡献的本省文艺工作者，并在评审年度内有较高质量的新作问世，而且终身只授一次。

继荣获"宋庆龄儿童文学奖特殊贡献奖"之后，蒋风又获得"鲁迅文艺奖突出成就奖"。分别在儿童文学和整个文学评奖中获得殊荣，蒋风非常感激和激动，在获奖感言中，他回顾了自己的儿童文学人生，肯定了坚持坚持再坚持的品格，表达了珍惜荣誉、更加努力的决心。

此时此刻我心情非常激动。在我长达七十八个春秋的漫长生涯中，大约有半个多世纪是与儿童文学结下不解之缘的。在中国，儿童文学一直被看作"小儿科"，而我也就一直把自己看作"丑小鸭"。记得去年10月19日，我到北京领取"宋庆龄儿童文学奖首届特殊贡献奖"时，在领奖台上，我代表全体获奖者接受中央电视台董浩同志采访时，曾表达过这份心情，我说，我是个"丑小鸭"，这项以宋庆龄命名的崇高奖项落在我这个"丑小鸭"身上，我感到惊喜，也感到幸福，内心充满感激之情。但是，我也感到有点受之有愧，因为，我只不过做了点我应该做的事。今天，我以同样的心情走上台来。

我想，大家重视的是我能坚持，半个多世纪来一直为儿童文学事业做了点工作。我值得骄傲的也是"坚持"而已。即使被人当作"丑小鸭"时，我也是坚持，没有动摇。

也许有的朋友会感到不解，我想在这里讲一个真实的故事。

我小学三年级时遇到一位好老师，她名叫斯紫辉。她教我们数学，却每周为我们开设了一节故事课。记得那年，她用了一个学期给我们讲亚米契斯的《爱的教育》。这位很重视学生思想道德工作的老师，学期结束，她又召开了一次主题班会，用《爱的教育》中的人物来命名班上出色的同学。勤劳的学生就被命名为裘里亚，正直的叫卡隆，勇敢的称马尔柯，善良的叫西西洛……当班上许多同学被命名时，我至今不明白，我当年是因成绩不好，还是表现欠佳，没有被老师命名，内心感到十分委屈，几乎要掉下眼泪来，是小男孩那份自尊倔强的心理，把那滴委屈的泪水忍住了。我这种心理上的细微变化，被斯老师发现了。班会一结束，我就被老师叫到办公室里，斯老师说："蒋风，老师太粗心，今天命名大会都把你遗忘了，其实你比裘里亚更勤劳，比卡隆更正直，比马尔柯更勇敢，比西西洛更善良……但是主题班会已经开过了，老师又不好为你再开一个班会。这样吧，老师把自己最心爱的《爱的教育》送给你，弥补一下老师的过失。"这一下，我内心的委屈情绪全都烟消云散。斯老师从办公桌抽屉里取出那本《爱的教育》，并在扉页题了几句鼓励的话送给我。

我想自己身上今天还有值得肯定的品德和性格，是和这件事分不开的，而后来我坚持走儿童文学这条光荣的荆棘路，也是与这个真实的故事有着必然的联系。

文艺是满蕴感情的载体，有种魅人的力量，儿童文学也一样。它通过艺术形象感化少年儿童，又对少年儿童的健康成长，有着不可忽视的作用。

少年儿童是祖国的花朵、民族的命脉、人类的未来。我们党和政府十分重视下一代的思想道德建设。今年3月发布了《中共中央国务院关于进一步加强和改进未成年人思想道德建设的若干意见》，不久前的5月1日至5月12日，又在北京专门召开了全国加强和改进未成年人思想道德建设工作会议，胡锦涛同志在会上作了重要讲话。他特别强调：进一步加强和改进未成年人思想道德建设，是中央从推进新世纪新阶段党和国家事业发展、实现党和国家长治久安出发做出的一项重大决策，对于确保我国在激烈的国际竞争中始终立于不败之地，确保实现全面建设小康社会、进而实现现代化的宏伟目标，确保中国特色社会主义事业兴旺发达、后继有人，确保实现中华民族的伟大复兴，具有重大而深远的战略意义。

在这样一项重大而又有深远战略意义的伟大事业面前，我们文艺工作者能够承担些什么？文艺作品能发挥点什么作用？我想再讲一个真实的故事。

这是发生在20世纪30年代的事。有一个小偷在莫斯科地铁里偷到一只手提箱。到一个僻静角落，他满怀希望箱子里有些贵重的物品。可是等他打开手提箱后却大失所望，既没有钱币，也无值钱的物品，除了点破旧的衣物外，只有一本《钢铁是怎样炼成的》，在无可奈何的心情下，他就翻开奥斯特洛夫斯基的小说来解闷，等看了几页后，他就被书中的主人公保尔·柯察金的形象所深深吸引了，边读边谴责自己，他想到保尔为大众的事业丧失了健康，直到瘫痪在床上，还在想为人民做贡献。想想自己太可耻了,干偷窃这种见不得人的勾当。读完小说,他的灵魂被深深地震撼了,于是决心洗手不干,要靠自己的劳动来养活自己。后来他终于在地铁站找到一份工作,并且写了一封信给莫斯科的奥斯特洛夫斯基纪念馆馆长,坦白了上述经历。这是一个绝对真实的故事。这封小偷的信,至今还陈列在奥斯特洛夫斯基纪念馆里,在座各位如有机会去莫斯科旅行,不妨去看一看这封信。我说这个故事,就是想说明,文学对一个人的健康成长有着意想不到的作用。它不仅能扩大少年儿童的视野,增长知识,活跃思维,拓展想象,启迪心智,发展语言,丰富情感,而且还能净化人的心灵,陶冶少年儿童的情操,健全他们的人格。其实不仅是文学作品,其他文艺形式,如美术、音乐、舞蹈、戏剧、影视都一样,尤其是大众化的文艺样式,作用更明显、更直接。

我一生与儿童文学结下了不解之缘,在我有生之年,我想会继续这份事业,尽一个文学工作者应尽之责。人的一生是短暂的,短暂的岁月要求我们好好领会生活的进程。这次获奖是给我又一次鼓励,也是又一次鞭策。我会珍惜这份荣誉,也会更加努力地工作。[①]

蒋风以儿童文学家的身份获得浙江省最高文艺奖"终身成就奖",这对儿童文学界是极大的鼓舞和鞭策,具有历史意义和象征意义,表明儿童文学家与其他艺术家完全可以平起平坐,同样是"人类灵魂的工程师"。蒋风领奖后,告诉记者,他最想告诉

---

① 蒋风. 追梦之旅[C]. 上海三联书店. 2012:62-65.

获奖一事的就是小朋友们。当时蒋风办了一个"童诗班",叫"蒋风爷爷教你学写诗",这群小朋友非常可爱,蒋风要和他们一起分享获奖的喜悦,在小朋友的心里建立起儿童文学的荣誉感和从事儿童文学的初心,让孩子们明白,儿童文学作家同样可以获得全省最高文艺奖"鲁迅文艺奖",在儿童幼小的心田里种下儿童文学的种子。

五、《蒋风与儿童文学》编入地方教材

2005年,李武南主编的金华市地方课程《锦绣金华》五年级第四课《蒋风与儿童文学》,将这样一位为"儿童的"文学事业奉献一生的蒋风爷爷,介绍给金华的孩子们。走进课堂,走进孩子的心里,蒋风将这看作是自己莫大的荣幸和荣誉,也是对自己莫大的鼓舞和鞭策。课文设计如下(有删减):

第四课
蒋风与儿童文学

"孩子是人类的未来……儿童文学事业是人类最有希望的事业。我愿为它贡献全部心血。"这是著名的儿童文学理论家、教育家蒋风先生的肺腑之言。曾任浙江师范大学校长的蒋风先生,从1952年开始,一直从事儿童文学教学与研究工作,教了一辈子儿童文学的蒋风说:"我给予孩子的,远不如孩子给予我的多。"

蒋风是怎样与儿童文学结缘的?他取得了哪些成果?让

我们一起走近蒋风,去了解这位值得我们金华人骄傲的充满童真和智慧的长者。

1. 走进儿童文学世界

蒋风从小喜欢读书,课余时间爱好写作,常常发表习作,曾做过几家报刊的通讯员和特约记者。《北山游记》是他小学时候的参赛作文,还获得全国小学生作文比赛第十名呢。蒋风说,他与儿童文学结缘,和两个人、一件事有密切的关系——

母亲,没有上过学,但识得一些字,酷爱诗词,劳动之余常常带我诵读唐诗,在我幼小的心田里播下了文学的种子。

斯老师,是我的小学数学老师,20出头,她上的数学课早都不记得了,但她每周一次的故事课却牢牢记得。她曾用一学期时间为我们讲《爱的教育》中的故事,最后她把那本书送给了我,那是我最心爱的读物。

16岁考入东南联大。求学期间,我看到《申报》报道:"有三个孩子因为读了得道成仙的故事,结伴上四川峨眉山学道,为升天成仙,跳崖粉身碎骨。"悲剧使我萌生要为孩子们写点健康读物的念头。

阅读链接

12岁的"小先生"

蒋风先生是读着《稻草人》《我的童年》《爱的教育》《寄小读者》《秃秃大王》走进儿童文学世界的。12岁那年,日本鬼子入侵，妈妈带着他逃难来到金华北山玲珑岩村，在村小学当了半年的"小先生"。多亏他读过大量的文学作品，在那段困难时光里，他就给学生讲书上的故事，得到了孩子们的敬佩，连调皮大王也好好念书了，村里人都夸他是个好先生。

2. 拥有多个第一

蒋风先生60年如一日，辛勤耕耘，在国内外刊物发表论文100多篇，出版著作30多部，在我国儿童文学研究领域拥有了多个第一。有人说他是倾心"小儿科"的老教授，也有人说他是儿童文学快乐的拓荒人。

◆ 20世纪50年代第一批走上儿童文学讲台的大学教师之一；

◆ 创建了全国第一个儿童文学研究机构——浙江师范学院儿童文学研究室，即现在的浙江师范大学儿童文学研究所；

◆ 新时期在全国大专院校中第一个招收儿童文学硕士研究生；

◆ 撰写了新中国第一部儿童文学理论著作《儿童文学概论》；

◆ "文革"后，第一个在高校恢复儿童文学课程；

◆ 蒋风是"国际儿童文学研究会"吸收的第一名中国籍会员；

◆ 主编出版了第一部中国儿童文学史《中国现代儿童文学史》；

◆ 主编出版了中国第一本条目最全、最系统的大型儿童文学工具书《世界儿童文学事典》；

◆ 1994年8月，创建了中国第一个民间儿童文学研究机构——中国儿童文学研究中心，免费招收非学历儿童文学研究生，自费印发《儿童文学信息》达11年之久，坚持至今；

◆ 蒋风是国际格林奖9位评委中唯一的一位中国籍评委。

3. 促进国际交流

蒋风先后参加过30多次有关儿童文学的国际交流活动，为中国儿童文学与世界儿童文学的交流做出了较大贡献。

2000年春，蒋风先生应邀参加在香港举行的"迎接儿童文学的春天"学术研讨会。在完成了会议要求的两个专题讲座后，他又主动介绍内地儿童诗歌创作的情况，其中几首孩子写的诗引起与会代表的强烈共鸣，不少社团机构更是在会后邀请他前往做专题演讲，香港《大公报》对此事做了整版的报道。据了解，蒋风在讲座中列举的儿童诗基本上都是我们金华小朋友创作的。后来，他不仅亲自到学校和社团指导孩子写诗，还把孩子们的诗作带到许多国际交流活动中。

4. 一个未圆的梦

蒋风先生曾经在心里许下两大愿望：

第一个愿望是编一部世界性的儿童文学工具书。

这个愿望在国内外120位学者、作家的共同编写下已经实现了。1992年希望出版社出版了《世界儿童文学事典》，消息振奋了华文儿童文学界。

第二个愿望是创建"中国儿童文学馆"。

蒋风先生藏书超过万册,他一直希望自己的藏书能为中国儿童文学的发展发挥更大的作用。1986年,他应邀参加"儿童文学国际研究会议",来自17个国家和地区的与会学者一致建议:中国有3亿儿童,应该有一个中国自己的全国性"儿童文学馆",成为中国儿童文学的资料库和研究中心。此后,创建"中国儿童文学馆"便成了蒋风先生心中最大的愿望,他一直为创建"中国儿童文学馆"而奔波。蒋风先生的这个梦想不知何时能实现。

"创建中国儿童文学馆"不仅是蒋风先生的愿望,也是我们所有少年儿童的梦想,让我们一起为实现这个"梦"献计献策。

六、八十华诞

中华民族有尊老祝寿的好传统,每逢五逢十,基本会有大庆活动,或民间自发行为,或为家族、工作单位、有关机构组织活动。蒋风70岁完全离休,之后的10年间有75岁、80岁两大祝寿活动,前者为亲朋好友间自发行动,后者为蒋风工作的浙江师范大学儿童文学研究所组织的祝寿与学术活动。

2000年10月21日,蒋风75岁大寿,他的老朋友、著名儿童诗人、比蒋风还大3岁的圣野(1922年生),在8月份就提前写来祝寿长诗,代表了人们的敬意和祝福:

阅读蒋风先生
——祝贺蒋风先生75岁大寿[①]

圣　野

蒋风先生的弟子

从阿里山下走来

从塔里木盆地走来

从珠江入海口走来

从盛开着牡丹花的洛阳市一批批走来

他们是来朝圣的

把蒋风先生办全国儿童文学讲习班的地方

当作一块纯洁无瑕的圣地来进行朝拜

弟子们一路走

一路在心中祝祷着

中国儿童文学

无比昌盛、空前繁荣的一天

将迎来一个

真正的创造世纪辉煌的春天

我们的蒋风先生

是一个当代的

[①] 圣野. 阅读蒋风先生：祝贺蒋风先生75岁大寿[C]//蒋风主编. 新世纪的足迹：蒋风的儿童文学世界. 合肥：安徽文艺出版社. 2014:238—240.

带有童话色彩的追日的夸父
他一路风尘仆仆
从没有感觉到疲倦
离开了浙江师范大学
面向中国，面向东南亚
面向一切华人讲华语的地方
他又办起了第二个更大的大学
他把漫天飞扬的电波
当作充分施展才能的
最最广阔的讲堂
只要听到亲切的电话响
他的一颗快活的心
就要跳出了胸膛
在求知若渴的弟子们面前
他的一颗专讲奉献的爱心
谆谆的知心话儿永远讲不完
二十多本扎扎实实的
为儿童文学做奠基工作的著作的出版
就是弟子们对他的真诚的回报

一人办一份报纸
一人办一个中心
《文学史》《文学概论》《作家评传》……
他亲手主持编写的
一排排辉煌的著作

已经成为

一个个辉煌的系列

不断地充实着

中国儿童文学世界儿童文学的宝库

我们走近蒋风先生

不断地享受着、阅读着

他一生创造的业绩

我觉得

受人尊敬的蒋风先生

弟子们阅读他

也像阅读着一座

永远也读不完的图书馆一样

他那颗诲人不倦的

崇高的心灵

就是一座世界上

最美丽最丰富最伟大的图书馆

2000 年 8 月

  2005 年 10 月 21 日，蒋风 80 华诞这天，是浙江师大的重要节日。这一天，"中国儿童文学学科发展的历史、现状与未来——庆贺蒋风先生八十华诞学术研讨会"在浙江师范大学专家楼隆重举行。会前，浙江师范大学主办方做了充分准备，提前一个多月就发出《通知》。

2005年10月22日,《金华日报》发表该报记者王建采写的长篇新闻报道《八十华诞　阳光事业：全国儿童文学学者齐集金华》,对浙江师范大学庆祝蒋风教授八十华诞活动进行了报道。21日上午,数十名毕业于浙江师大的儿童文学研究生回到了母校,为他们的导师蒋风庆祝八十华诞。这些毕业生已经成为支撑中国儿童文学界的主要力量,所以,这个生日会又成了一个中国儿童文学学术研讨会。庆祝会由浙江师大人文学院院长张先亮主持,浙江师大党委书记李鲁代表浙江师大向蒋风送上了祝寿礼物,副书记梅新林介绍了蒋风教授从事儿童文学研究60年来的成就和贡献,对他创建中国第一个儿童文学研究机构——浙江师范大学儿童文学研究所,在中国第一个招收儿童文学硕士研究生,培养了吴其南、王泉根、汤锐、方卫平、汤素兰、韩进、杨佃青等一批著名青年学者、作家给予了高度评价,更对蒋风教授离休后免费招收非学历儿童文学研究生,创建中国儿童文学研究中心,主编《儿童文学信息》报和开展丰富活跃的国际儿童文学交流深表敬佩。汤锐（1958—2022）代表蒋风的历届研究生向老师献花。

学生汤锐向蒋风导师（右）献花

梅新林在致辞中指出,目前,全国儿童已近4亿人,对于这样一个庞大群体展开系统和深入的学术研究,促进他们茁壮成长和社会的和谐发展,是时代的迫切需要,也是学界的重大使命。

为此，学校就决定组建浙江师范大学儿童文化研究院，目的是通过重组学术资源、拓展研究领域、推出系列精品、培养优秀人才，使之成为浙江师大和金华市最具特色优势、最具学术影响力与知名度的学术品牌。

活动期间，很多儿童文学学者纷纷给蒋风教授发来了贺电。日本著名儿童文学家、日本圣和大学教授、博士生导师鸟越信贺词如下：

> 值此蒋风老师迎来80华诞之际，由衷地表示祝贺！我第一次见到蒋风老师是在1986年为纪念大阪国际儿童文学馆创办而举行的国际儿童文学研讨会上。之后近20年来，常常有幸见到他。其中多数是在儿童文学研讨会上，此外我还去蒋风老师当年工作的浙江师大讲过学。蒋风老师也曾来我工作的大阪国际儿童文学馆当过客座研究员。我们谈得很多，我受益匪浅。特别不可思议的是，蒋风老师在他本人之外也给予我很多的帮助。比如，我在中国各地遇上过许多蒋风老师的弟子，这使我深深体会到了桃李满天下这句话的含义。祝愿蒋风老师长寿，为中日儿童文学的交流做出进一步的贡献，并一如既往地指导、鞭策我们。
>
> 2005年10月20日

亚洲儿童文学学会共同会长、韩国儿童文学学会会长李在彻教授贺信如下：

> 恭祝蒋风老师80华诞！蒋风老师是亚洲最杰出的儿童

文学研究家。我一直将把蒋风老师介绍给全世界的儿童文学工作者为己任。我记得蒋夫人比蒋风老师年轻十来岁。所以蒋风老师应该拿出胜过夫人的勇气来,过得更健康更长寿!

日本中国儿童文学研究学者翻译家中由美子在贺信中写道:

蒋风先生:

值此先生80大寿喜庆之际,谨致热烈的祝贺,遥祝先生寿比南山。先生长年从事儿童文学事业,披荆斩棘,克服了重重困难,为儿童文学的发展做出了不少贡献,其历程是值得钦佩的。先生主编的《中国现代儿童文学史》《中国当代儿童文学史》等书籍以及《儿童文学信息》报,这些都是我们了解中国儿童文学不可缺少的重要资料之一。我作为一个日本的中国儿童文学翻译家向蒋风先生表示由衷的感谢。

获悉"蒋风儿童文学学术研讨会"今天开幕,我衷心希望研讨会获得圆满成功。

中由美子敬上
2005 年 10 月 20 日

在众多贺信和贺电中,还有一份"迟来的"学生的祝福,他是蒋风首届幼师普师儿童文学进修班的学员滕毓旭先生,他的贺信最有代表性,说出了所有进修班、讲习班学员的心声:

蒋风老师:

您好!

大连一别,一晃又是三个年头了,十分感谢您的教育之恩,更感谢您的关怀之情。回想1984年在浙江师大进修时,我为能做您的一名学生而感到骄傲。您的渊博学识,对儿童文学执着的热爱,丰富着我们,并感染着我们。您是中国儿童文学当之无愧的教育家和理论家,您把毕生精力都献给儿童文学事业。活跃在中国今天儿童文学论坛上的王泉根、汤锐、吴其南、方卫平等都是你带出的研究生,中国今天儿童文学事业的蓬勃发展,有您不可磨灭的功劳。

您给我们上课时还不满60岁,一晃您已是80岁的老人。80岁是耄耋之年,正该是颐养天年的时候,而您却仍在为中国儿童文学的发展孜孜不倦,仍在为国际间的儿童文学交流奔波,这在中国儿童文学史上很难找出第二个人!您的为人,您的学识,您对事业的奉献永远是我的榜样!

值此您80大寿之际,让我——一个曾是您的学生、一个儿童文学作家——衷心祝愿:永远有一颗童心,永远精力旺盛,永远与时俱进!祝春节快乐,阖家幸福!

您的学生 滕毓旭
2006年1月23日于大连

庆祝会上,蒋风招收的第一位儿童文学研究生——温州师范学院的吴其南教授代表蒋风的弟子们发言,评价蒋风教授在儿童文学史上做出的开拓性贡献,以及对中国儿童文学学科建设的奠基人地位。蒋风教授激动地说,他活到80岁,这是第一次这样过生日,人生短暂,时间非常宝贵,人过生日可能就是出于对时间、生命的珍惜,那么就要更珍惜时间,谁能俘虏时间,谁就能胜利。蒋风说,他常常这样告诫自己,这样鼓励学生,学生们在儿童文学领域里取得了成就,反过来对自己也是一个激励,"我的生命不能苍白",因为这个动力,让他在离休之后也不敢休息,继续在儿童文学事业上耕耘。儿童文学事业是阳光事业,他感到,投身其中很快乐。蒋风动情地回忆起半个世纪以来,在儿童文学这条并不平坦的道路上奋勇前行的情形,自问"是什么力量鞭策我走呀走呀,不停地向前走去的呢?我的回答很简单,是孩子们给我的力量。"[1]

---

[1] 蒋风.是孩子们给我的力量:我与儿童文学[C]//蒋风主编.新世纪的足迹:蒋风的儿童文学世界.合肥:安徽文艺出版社.2014:373.

第三章 梦圆红楼

（2005—2015）

一、荣获亚洲"儿童文学理论贡献奖"

2006年8月21日至25日，第二届世界儿童文学大会暨第八届亚洲儿童文学大会在韩国首都首尔隆重召开，来自世界各地的40名儿童文学家、学者齐聚一堂。在此次大会上，蒋风获得了唯一一个"儿童文学理论贡献奖"。

"儿童文学理论贡献奖"由韩国第一个儿童文学博士、亚洲儿童文学大会会长李在彻颁发，并宣读颁奖词：

> 蒋风先生是代表中国儿童文学研究学界的学者，曾任浙江师大教授，已出版了《儿童文学概论》(1982)、《中国现代儿童文学史》(1987)、

"儿童文学理论贡献奖"奖牌

《世界儿童文学事典》(1992)、《幼儿文学概论》(2005)等,把中国儿童文学理论提升到世界级的水平,其贡献获亚洲儿童文学界之具体肯定,特此给予理论贡献奖。

蒋风在国内外儿童文学界享有较高的知名度。此次,蒋风的照片还和其他几位荣获儿童文学大奖的学者一起印在了大会会徽上。

蒋风与李在彻的友谊可以追溯到1990年夏天。那时,李在彻筹备召开韩日儿童文学研讨会,邀请蒋风出席当观察员。蒋风对李在彻说:"你既然请我当观察员,还不如扩大规模开个东亚或亚洲儿童文学大会。"李在彻听了觉得很有道理,当年便召开了第1届亚洲儿童文学大会。可遗憾的是,发起者蒋风却未能参加。当时,中韩还没有建交,赴韩签证得到东京或香港办理。层层审批足足花了蒋风3个月的时间,他还没来得及赶到东京或香港办签证,大会就已开幕了。

2006年的亚洲儿童文学大会已经是第8届,大会主题是"向往和平的儿童文学",大会手册的扉页上写着这样几句话:"儿童是我们的明天,也是未来。为了人类共同的和平与福祉,今天我们所未尽的理想,寄托于他们。"81岁高龄的蒋风提交了大会论文《和平,儿童文学的永恒主题》,在长达20分钟的大会主旨演讲中,阐述了"和平是儿童文学永恒主题"的思想。

蒋风的演讲包括四个部分。

(一)和平是人类共同的愿望。蒋风认为,和平与战争的反复交替构成一部人类文明发展史。经历两次世界大战及无数次地区性的大小战争,还有恐怖主义者制造的数不尽的暴行,和平成了人类最朴实的追求，是世界各国人民共同的心愿。

（二）张扬"童真"世界的必要。蒋风认为，全人类的心灵深处都处在一个"童真"的质素，这种质素在孩子那里是天然的，而在成人那里也是可以还原的，只要他的天良不曾泯灭。和平的世界就是一个"童真"的世界。有良知的儿童文学家用自己的笔在启迪孩子的心灵深处那天然的"童真"的闪光，同时也呼唤全世界成人埋藏在心灵深处的那份"童真"早日还原，打造一种和平文化，让人人都感受到和平总是最高尚美好的。

（三）儿童文学对维护和平的特殊意义。蒋风认为，儿童文学是人生最早的教科书。要让孩子们在阅读儿童文学作品中，牢记昨天的战争，维护今天的和平，在儿童幼小的心田里，种下珍惜生命、向往美好、与人为善、学会宽容等美好情感的种子。

（四）和平是儿童文学永恒的主题。蒋风强调，早在第26届国际儿童读物联盟（IBBY）大会就曾考虑到用儿童图书来传播和平主题，帮助孩子学会和谐地与自然、与人相处，大会安排六项议程，每项议程都将目标定在"和平"上，提出"和平"是世界儿童文学的一个紧迫而重大的主题。蒋风以奥地利作家瑞纳那特·维尔斯的一首诗《读错，听错，弄错》结束演讲：

> 当我读到白人射杀黑人孩子的时候，
> 一定是我读错了；
> 当我听到坦克碾过乡村，
> 而里面的人们却以为春天已经到来的时候，
> 一定是我听错了；
> 当我看到屠杀印第安人，

而他们却相信"谁耕种的土地属于谁"的政府公告时，
一定是我弄错了。
难道在这个世界上人们必须闭上眼睛才能看到和平，
堵上耳朵才能听到和平吗？

蒋风说："在这首小诗中，我已看到一个崇高的灵魂，从这所有有良知的举动中透露出来，和平美好的明天就像田野里的花朵，在明媚的阳光下绽开。"[①]

二、国际儿童文学馆揭牌

2007年5月25日，蒋风21年的梦圆了。

随着一小匹亮丽的红色绸缎飘然落地，中国第一个国际儿童文学馆在浙江师大正式揭牌；同时揭牌的还有大陆第一个台湾儿童读物中心。李建树、周锐、孙建江、桂文亚等来自全国各地，包括我国香港、台湾地区，以及东南亚、美国和澳大利亚的儿童文学专家亲临现场。40多位金华当地的民工子弟学校小朋友成为开馆后的首批读者。早在1986年，蒋风赴日本参加儿童文学国际会议时，看到大阪国际儿童文学馆，就萌生了在中国创建国际儿童文学馆的想法。此刻，当亲手揭开国际儿童文学馆牌匾上红绸的时候，蒋风非常激动："我做了21年的梦圆了。蒋风捐献了首批藏书5000多册，并欣然出任国际儿童文学馆馆长。后来，

---

① 蒋风.和平：儿童文学的永恒主题[C]//蒋风主编.新世纪的足迹：蒋风的儿童文学世界.合肥：安徽文艺出版社.2014:424—432.

蒋风又捐赠了5000多册个人儿童文学藏书。

国际儿童文学馆首任馆长蒋风（二排居中）与出席揭牌典礼的嘉宾、小朋友合影

新创建的国际儿童文学馆，坐落在浙江师大一座名叫红楼的古朴清幽的建筑内。这座建筑是浙江师大于2006年10月2日创建的全国高校首家"儿童文化研究院"，蒋风为名誉院长。梅新林校长为院长，方卫平、刘宣文为副院长。儿童文化研究院成立之初，就将2007年挂牌成立国际儿童文学馆作为首要工作。

儿童文化研究院揭牌仪式上，梅新林校长（右）聘任蒋风为儿童文化研究院名誉院长

说到国际儿童文学馆的创建，不能不说浙江师大创建儿童文化研究院这项具有战略眼光的伟大工程。如果说儿童文化研究院是一棵大树，那么它的幼苗就是儿童文学研究室（所），种树人就是蒋风。

浙江师大悠久的儿童文学研究历史是蒋风亲自开创的，并在国内外产生了重要影响。为了更好地把浙江师大建设成为一所特色鲜明、实力雄厚的教学科研型大学，学校于2005年6月发出了《浙江师大关于成立儿童文化研究院的通知》(浙师[2005]31号文件)，决定成立儿童文化研究院，旨在加强学校科学研究的优势和特色学科建设，重组学术资源，拓展儿童文化研究领域，力争在新的时代背景下，在儿童文化研究的相关领域取得一批在国内具有领先水平并能进入国际学术交流视野的学术成果，使该院成为中国儿童文化研究领域具有重要地位的学术机构。应该说，在中国高校的儿童文学学科建设中，浙江师大儿童文学学科一直扮演着学术重镇的角色。1979年率先招收儿童文学硕士研究生，同年成立了新时期高校中第一个儿童文学研究机构，稍后又设立了第一个儿童文学系（2001）。长期的学科建设和学术积淀使浙江师大儿童文学学科一直走在高校同类学科的最前列，并拥有高校藏书资料最为丰富的儿童文学资料馆。儿童文化研究院院址设在学校历史最为悠久、风格最为古典、环境最为清幽的建筑——红楼内，儿童文学资料馆也安居于这里宁静的绿意间。独立的空间，丰富的资料，幽静的环境，对于儿童文学研究来说，这里似乎是天然的居所。时任浙江师大校长梅新林教授深知学科创始人蒋风先生的心愿，亲自关心并筹划国际儿童文学馆设立事宜，并给予极大支持。

浙江师大国际儿童文学馆是以浙江师大儿童文学学科现有的图书资料馆和台湾儿童读物资料中心为基础组建的。浙江师大儿童文学学科从创办初期就十分重视图书资料建设，建立了目前国内高校中唯一具有一定规模的专业儿童文学资料馆，拥有各类专业书刊约4万册,其中儿童文学专业及相关报刊百余种,包括各类国内儿童文学报刊及10余种国外知名的儿童文学刊物。自1999年秋,台湾"好书大家读"童书推广委员会、联合报系文化基金会和民生报向该学科捐赠台湾儿童文学资料后,已陆续收到台湾儿童文学图书近7千册,并在此基础上成立了大陆首个台湾儿童读物资料中心。完备的资料建设既为教学工作和学术研究提供了坚实的保障,同时也为浙江师大国际儿童文学馆的建立奠定了深厚的基础。

国际儿童文学馆的国际性特征也早已形成。新时期以来,浙江师大一直是国内儿童文学交流的主要中心之一。20余年来,该学科以雄厚的研究实力、富有特色的研究成果和完备的资料建设,吸引了境内外众多的同行和学子前来交流。该学科先后接待了华东师大、华南师大、东北师大、南京师大、复旦大学、华中师大、北京师大、上海师大、沈阳师大、香港教育学院、台东大学等高校的研究人员、研究生以及国内外其他各类研究人员和作家来所查阅相关的资料。同时,该学科成员也频繁参与儿童文学界的学术会议,应邀参与各种评奖、评审、鉴定、讲学活动;该学科还主办过"海峡两岸儿童文学研讨会",以及林焕彰、桂文亚、张之路等著名儿童文学作家的创作座谈会。

与此同时,浙江师大儿童文学学科也始终保持着与国际儿童文学界的学术联系。蒋风先生以其广泛的影响,先后赴美国、日本、新加坡、韩国、马来西亚以及中国的台湾、香港、澳门等地区讲学和交流,浙江师大被亚洲同行称为"中国儿童文学研究的学术重镇""中国儿童文学研究的中心"。随着该学科影响的不断扩大,近年来国内外儿童文学界人士来访与交流的频率也越来越高,人数越来越多。加拿大、日本、马来西亚、新加坡等地的儿童文学作家和学者都曾先后来到浙江师大交流和讲学。2007年,浙江师大儿童文化研究院开始了与意大利马切拉塔大学儿童文学学科的学术联系,并将派遣有关专家出席当年9月在意大利召开的国际儿童练习本研究论坛。正是这些持续频繁和扎实有效的国内外学术交流,成了浙江师大成立国际儿童文学馆的重要基础之一;而且,浙江师大国际儿童文学馆的建立,必将把中国的儿童文学进一步向着世界打开,也必将为中国儿童文学的发展提供一个更加开放的平台。

蒋风从自己多年国内外儿童文学交流的经验和愿望出发,对浙江师大国际儿童文学馆成立后的主要任务,特别是如何加快与国际儿童文学接轨的步伐,发挥好国际儿童文学馆的作用,提出了明确要求和具体举措:

(一)作为国内儿童文学资料收藏的中心,浙江师大国际儿童文学馆将进一步加强馆内儿童文学图书、报刊、音像等资料的搜集和收藏。一方面是加大儿童文学及其相关出版物购买方面的资金投入;另一方面,也通过接收国内外热心于儿童文学事业的人士赠书的方式,增加馆内收藏,并专为达到一定数额的赠书设立以赠书者个人名字命名的"书库",既表示永久的留念,更可以让更多的儿童文学资料为国内外儿童文学研究者和爱好者所共享。

(二)浙江师大儿童文学馆将以成为国内外儿童文学交流的中心为未来工作的主要目标之一。对于馆内的所有藏书,除了向校内儿童文学阅读者和研究者开放借阅外,还将探索如何在合理保护资源的前提下,进一步开放阅览,使其真正成为国内外儿童文学爱好者的共享资源。

（三）浙江师大儿童文学馆将定期设计儿童文学研究方面的课题和研究计划，主要依托浙江师大儿童文化研究院的研究力量，以馆内资源为基础，开发具有前沿性和开拓性的话题和课题，出版具有学术价值的研究成果，并进一步探索如何使研究应用和服务于儿童教育和社会发展的实际。

（四）浙江师大国际儿童文学馆将致力于走出象牙塔的限制，在促进和推动儿童文学研究的同时，充分发掘和发挥其服务社会的功能。除进行相关的课题研究外，将设计以推动儿童文学阅读为主题的各种连续性或非连续性的活动，馆内开设儿童阅读区、亲子共读区，由儿童文学专家定期挑选以新书为主的好书上架，推荐儿童独立阅读或者亲子共读，面向孩子和家长不定期开展以童年阅读与教育、阅读育儿等主题讲座，同时尝试把这些讲座向馆外其他地区推广。

（五）浙江师大国际儿童文学馆将尝试开辟中国儿童文学作家专区，搜集和展出中国具有代表性的儿童文学作家的作品、生平资料、手迹、题词乃至童年玩具等相关物品，以捕捉中国儿童文学发展的生动痕迹，作为向国内外人士展示中国儿童文学面貌的重要窗口，同时成为爱好儿童文学人们所流连的国际儿童文学馆特色展区。

从蒋风先生提出在中国建立国际儿童文学馆的设想到实现，21年过去了。说起21年来为实现这一愿望的奔波，蒋风无限感慨，对于国际儿童文学馆最终落户浙江师大，成为该校在新时期以来高校儿童文学研究领域的又一创举，他感到十分欣慰。他希望新成立的国际儿童文学馆能够蒸蒸日上，真正成为具有国际水准的儿童文学馆，为中国儿童文学走向世界并为世界儿童文学事业作出中国儿童文学的贡献。

国际儿童文学馆的建立,也得到了一大批著名儿童文学作家的响应和支持。来自台湾的著名儿童文学作家、祖籍安徽池州的桂文亚女士,把收藏了近30年的三毛、林海音、余光中等作家的亲笔手稿,1000多张图片光碟和两岸儿童文学交流的资料,赠送给了国际儿童文学馆。

圆梦中国第一所国际儿童文学馆之后,蒋风又萌发了一个梦,想再在浙江师大建立一所中国儿童文学历史博物馆。百年中国儿童文学发展历史虽不算悠久,但它在中国文化史、思想史、文学史中都是一项丰厚的精神财富,在拥有儿童文学优秀传统的浙江师大建一所中国儿童文学历史博物馆,不仅是学校应有的文化积淀,更是丰富浙江师大特色学科必备的建设内容。

博物馆是文明国家都有的公开大学,在大学里建设有特色的博物馆更是大学里的大学,意义深远。蒋风曾先后参观过美国哥伦比亚大学博物馆、日本京都大学博物馆、韩国高丽大学博物馆、新加坡国立大学博物馆、香港大学博物馆等,不仅内容丰富,设施一流,也都各具特色,确实也为这些名牌大学增光添彩。为此,蒋风积极地建议在浙江师大建一所中国儿童文学历史博物馆,并得到有关部门认可,开始行动,先组织力量拜访健在老一辈儿童文学名家作口述史记录,录下影像记录,尽可能征集一些手稿、著作、老照片等实物资料。蒋风希望用5至10年时间,完成这个有伟大意义的工作。

关于征集儿童文学书稿、手稿等珍贵文献资料函[①]

尊敬的先生、女士：

为了更好地收藏、保护和研究百年中国儿童文学的珍贵文献资料，展示百年中国儿童文学发展的重要成就，浙江师范大学儿童文学研究中心拟筹建国内首家"中国儿童文学历史博物馆"，并依托此博物馆，建立百年中国儿童文学研究中心、儿童阅读推广及文学教育基地。

本博物馆依托于浙江省哲学社会科学重点培育研究基地——浙江师范大学中国儿童文学研究中心，主要陈列百年中国儿童文学发展演进的历史相关的珍贵文献与实物。包括作家手稿、未刊稿、信札、作家签名本、作家档案、各种珍贵的图片、影像等资料；收集、呈现百年中国儿童文学重要作品初版本、儿童文学专业期刊、儿童文学作品国外译本；关于百年儿童文学理论发展中的重要文献、专著，关注港澳台儿童文学史著、少数民族儿童文学史著、海外中国儿童文学研究著述等儿童文学理论评论研究领域的历史发展和成果展示。拟从版本、作家、理论、教学等方面建立各种藏品室。

我们承诺：将妥善保存您惠赠的各类珍贵的文献资料和实物，并向您寄送收藏证书与收藏清单，定期向您汇报博物馆建设进度和相关筹建工作。再次感谢您对"中国儿童文学

[①] 关于征集儿童文学书稿、手稿等珍贵文献资料函[N]. 中国儿童文学研究中心. 儿童文学信息. 2019:05—31（1）.

历史博物馆"及儿童文学研究中心的大力支持!

浙江师范大学儿童文学历史博物馆(筹)
2019年5月20日

三、问鼎"国际格林奖"

2011年12月11日,第十三届"国际格林奖"颁奖庆典在日本大阪国际交流中心隆重举行,获得第十三届"国际格林奖"的儿童文学家正是中国的蒋风教授。

蒋风(右)荣获第十三届"国际格林奖"

评选活动开始于2010年9月,"国际格林奖"组委会向全球范围的400多位儿童文学方面的专家学者发出征求提名的函件。在来自全球的推荐名单中,挑选出以下6位作为候选人:

  (加拿大)桑德拉·贝克特(Sondra Beckett)
  (中国)蒋风(Jiang Feng)
  (英国)金伯利·凯·雷诺兹(Kimberley Kay Reynolds)
  (韩国)李在彻(Jae—CheolRi)
  (加拿大)朱迪斯·斯特曼(Judith Saltmian)
  (美国)罗伯塔·塞格林·特瑞兹(Roberxta Seelinger Trite)

组委会将选票寄给全体评委会成员，要求在 2011 年 2 月 28 日给予回复。最后由评委会投票选出一人当选——中国的蒋风，这也是蒋风连续两届获得该奖项提名后，终于问鼎国际格林奖，成为首位获此殊荣的中国人。评委会给蒋风的颁奖词是：

> 蒋风教授是中国儿童文学界的先行者和集大成者，也是一名具有开创性的活动家。他的许多创新性举措以及所取得的成就，不仅填补了中国在这一学科上的空白，使得中国的儿童文学理论研究跻身世界一流水平，并且推动了中国儿童文学整个群体的进步。

国际格林奖和国际安徒生奖被誉为全球儿童文学界两大最高奖，与国际安徒生奖着重鼓励儿童文学作家与画家不同，国际格林奖更注重对那些在儿童文学理论与普及等方面做出突出贡献的个人进行奖励。

蒋风是把国际格林奖介绍到中国来的第一人。2000 年 1 月，蒋风就被推选为国际格林奖评委会 9 名评委之一，也是唯一中国籍评委。第十届、第十一届连续两年蒋风入选国际格林奖提名奖，第十三届终于如愿以偿。蒋风介绍，国际格林奖创始于 1987 年，由大阪国际儿童文学馆和金兰基金会联手创设。这一年正好是德国格林兄弟诞辰 200 周年，这是一个有纪念意义的年份。格林兄弟是出色的民间童话收集者和优秀的童话学者，为世界文化尤其是儿童文学留下了一份极其珍贵的遗产。创设者选定这个世界文化史上的伟大名字来命名这个有意义的奖项，必将有力促进世界文化，尤其是世界儿童文学的发展。

国际格林奖从 1987 年首次颁奖以来,每 2 年评选 1 次,每次 1 人,奖金 100 万日元,精致奖牌 1 个,证书 1 份。国际格林奖正好又与每 2 年 1 次颁给儿童文学作家与画家各 1 人的安徒生奖交替进行。安徒生奖已成为世界公认的小诺贝尔文学奖,蒋风坚信在不久的将来,国际格林奖也一定会受到世界文坛瞩目,成为一种令人尊敬的荣誉。

国际格林奖奖牌

得知蒋风荣获第十三届国际格林奖荣誉后,中国驻日本大阪总领事馆给蒋风发来贺信,表示蒋风"在大阪获得国际格林奖是中国人的骄傲,也是我们大阪总领馆的荣誉"[①]。

2012 年 1 月 5 日上午,浙江师大儿童文化研究院、国际儿童文学馆在红楼 2 楼会议室召开"庆祝蒋风教授荣获第十三届国际格林奖座谈会"。会议由儿童文化研究院院长方卫平教授主持,浙江师范大学校长吴锋民教授到会祝贺并讲话。参加座谈会的有:浙江师大人文学院儿童文学专家韦苇教授、周晓波教授、钱淑英副教授、常立副教授,浙江师大儿童文化研究院徐静静老师、林敏杏老师,福建儿童发展职业学院访问学者郑伟等。吴锋民校长代表学校对蒋风教授获得国际格林奖表示祝贺,感谢蒋风老校长这么多年来在儿童文学领域兢兢业业地奉献,培养了很多儿童文学界的后起之秀,更加赞赏蒋风先生准备将这次国际格林奖奖金

---

① 刘驰. 中国驻大阪总领事馆来信[C]蒋风主编.新世纪的足迹:蒋风的儿童文学世界.合肥:安徽文艺出版社,2014:549.

全部捐献出来设立一个"蒋风儿童文学奖"的精神,称颂这种高风亮节是师大人学习的楷模。①

韦苇教授认为,"若从评价儿童文学学术这点来说,就儿童文学全方位的建树来说,蒋风先生是当之无愧的该得国际格林奖的。"韦苇教授回想起蒋风教授对自己的指引和帮助,他说:"蒋风先生的学术事业跟我本人的人生、学术生涯也有很直接的关系。在我年轻的时候,我喜欢文学,非常想做一名作家,这几乎是我求生的唯一一条出路了。当时,我被蒋风先生招揽到浙江师范学院,我自己的命运紧紧地和这所大学联系在一起。我要对浙江师范大学感恩,没有蒋先生的眼光,没有蒋先生把我招揽到这里,那我的文学人生确实很难想象。至少像今天这样的结果,我就是做一百个梦、做一千个梦、做一万个梦也是不可能梦到的。"

周晓波教授动情地说:"我也是蒋老师的学生,其实我们在座的学生和老师,都是跟蒋老师有关系的。不光是我、方卫平老师都是蒋老师的学生,我们的学生那肯定都是跟蒋老师是有关系的。从另一方面说,蒋老师创办了我们儿童文学研究所,建立了我们的资料室,所以在座的各位都受益于蒋老师开创的、整体的、学术的、资料的积累。我们大家都应该感谢我们的蒋老师。国际安徒生奖和国际格林奖,在国际地位上是并列的。前者奖励作家作品,后者奖励对儿童文学理论以及儿童文学事业做出贡献的个人。所以,从这个角度看,蒋老师获得国际格林奖应该是实至名归的。"周晓波说:"我们身在浙江师大儿童文化研究院学习,是非常有

---

① 徐静静等.庆祝蒋风教授荣获第13届国际格林奖座谈会纪要[C]//蒋风主编.新世纪的足迹:蒋风的儿童文学世界.合肥:安徽文艺出版社,2014:598—611.

幸的事情。大家应该在几年当中，不辜负我们的前辈给我们建立的这样一个学科的氛围以及扎实的基础，善于利用这份可贵的资源，无论从哪个角度讲，我都非常感谢蒋老师这么多年来对我的帮助和厚爱。为此，我再一次地感谢蒋老师。向蒋老师鞠躬。"

钱淑英副教授说："虽然没有见证过蒋老师的学术历程，但是这位老先生，一个人就像是一棵大树，他支撑着我们整个学科。在这棵树底下我们觉得很有安全感。"

蒋风教授在大家发言之后，发表获奖感言，也借此机会回顾了评奖过程。下面摘录这段文字，可以领略蒋风的谦逊品德、价值观、真性情和学者风范——

今天我带着喜悦的心情参加这个会议。来这里开会之前10分钟，金华市文联主席带着一群人到我家里祝贺，他们的特地祝贺也出乎我意外，也算是一件喜事。所以今天对我来说是双喜临门。大家说的话，听得我脸都有点发红了，哈哈。

韦苇老师说这份荣誉，我是当之无愧的。但我认为我是受之有愧。我一辈子从事儿童文学，真正接触儿童文学是20世纪40年代我读大学的时候。正式从事儿童文学是在新中国成立以后走上教学岗位。我虽然做了点工作，但我认为那是很平凡很平凡的工作。

作为一名教师，我写过一些儿童文学作品，教授过儿童文学课程，这是理所当然的。唯一值得肯定的是我在接受任何一份工作的时候，都是兢兢业业的，想尽办法做好它。

大家知道儿童文学在我们中国经常被称为"小儿科"，

所以刚从事这份工作时，我一直把自己当作"丑小鸭"。在大阪领奖时我也讲到，我说我有点受宠若惊，本来一直都是个"丑小鸭"，今天突然变成"白天鹅"了？！

刚刚钱淑英说我这个荣誉不是我个人的，是我们集体的，是我们浙江师大儿童文学这个集体的，或者再提高一点呢，是我们中国的。因为格林奖评了20多年了，评了13届，以前全是西方人，只有两个例外：一个是鸟越信，他是筹办大阪国际儿童文学馆的，而这个奖又是由国际儿童文学馆来操办的，所以他获得了第5届国际格林奖。当时我刚好在国际儿童文学馆工作，我还做过第12届国际格林奖的纪念演讲。第12届我是6名候选人之一，排在第2，当时排在第1的是日本人，叫神宫辉夫，他对日本儿童文学理论也是有贡献的，结果那一届是神宫辉夫获奖。第10届和第11届我都被列为6个候选人之一，都是排在第二，都没有评上。所以去年年初的时候第13届国际格林奖评委会叫我补充评奖材料，我没有补充，我想这一届应该还是把我做陪衬的。因为国际格林奖的每一届评委会有13个评委，三分之二是西方人，三分之一是日本人，加1个中国人。中国评委本来是陈伯吹先生，他过世之后，聘我担任。第13届国际格林奖，我是第3次作为候选人。我认为，西方人对我没有多少了解，所以投票肯定是处于弱势的。直到2011年7月，评委会通知我，说我获得了第13届国际格林奖，12月11号要在日本大阪举行颁奖典礼。

12月10号，我从上海飞往日本。颁奖典礼其实只开了半天，简单而隆重。中国驻大阪总领事馆的副总领事来了，而且大阪府的总监也来了，这都在我的意料之外。因为日本和中国很相像，官员要出席会议，证明他们对会议的重视。

　　回国后，我还收到总领馆的一封信，信中对我的成绩做高度评价，我也感到很意外。会议半天之后，有3天自由活动时间，他们征询我的意见，我说我哪里都不想去，唯一想去的地方就是原来的大阪国际儿童文学馆。我参观了大阪国际儿童文学馆位于千里万博公园的旧址，有点感伤，因为这所文学馆是大阪府在接受鸟越信教授的全部藏书之后专门设计建造的，现在空在那里。千里万博公园相当于上海世博会的世博园，当初在大阪的千里举办世博会，会后改建成了万博公园。大阪国际儿童文学馆在搬迁之前，鸟越信曾抗争过大阪府取消国际儿童文学馆的行为，但因为近年来日本经济下滑，政府财政困难，最终文学馆被并到大阪府的中央图书馆。

　　几经周折后，最终决定，把原来的国际儿童文学馆并到大阪府的府立中央图书馆，但藏书单独上架。但是，当时在文学馆的30多个工作人员，被裁掉了大半，现在很多业务无法继续开展。我也参观了新大阪国际儿童文学馆。

　　刚刚大家对我的评价太高了，我的功劳实际上没有大家说的那么大。我只不过做了自己应该做的事情，所以我到现在为止还是把自己当作一个"丑小鸭"！谢谢大家！

　　方卫平教授在主持会议小结中，说他记忆最深刻的，是蒋老师敢想人们不敢想的事情，敢做我们认为做不到的事情。他想到了也做到了,这样一种精神对我的启发和影响蛮大的;蒋老师在他的专业生涯里,在新世纪儿童文学理论和事业的开拓过程中,有很多方面是值得我们晚辈学习和继承的。

蒋风代表中国人首获国际格林奖的消息传开后,《文艺报》《文学报》等文艺界权威媒体以及《浙江日报》《金华日报》等本地媒体纷纷报道。中共浙江省委宣传部机关报《宣传半月刊》在2012年第1期(上)刊发消息,并给蒋风寄来样刊。

蒋风:国际格林奖得主

国际格林童话奖,是与国际安徒生奖并肩的当今世界儿童文学界最权威的奖项。这个奖项由日本大阪国际儿童文学馆主办,注重奖励那些在儿童文学理论研究与普及推广方面做出突出贡献的个人,并且每年只有1名获奖者。去年(2011年),国际格林奖终于花落中国。原浙江师范大学校长、著名儿童文学理论家蒋风从全球几百位候选人中脱颖而出,第一次代表中国人站上了这个国际儿童文学奖的最高领奖台。87岁高龄的蒋风是中国儿童文学的拓荒者,他是第一个在全国高校恢复儿童文学课程的教师,也是第一个在全国招收儿童文学硕士研究生的教师。他撰写的《儿童文学概论》《中国现代儿童文学史》等著作填补了国内在该领域的空白。这一次获得这个国际大奖,标志着世界儿童文学界认可了中国儿童文学的理论贡献。

上榜理由

中国骄傲,不是飞机大炮,也不是世界第二的GDP,而是这些在各自领域倾尽一生,不知不觉间超越了世界的人。因为有蒋风,中国有了世界顶尖的儿童文学理论。下一个蒋风,会出现在科学、文学还是计算机领域?而蒋风告诉我们的是,中国不缺少人才,缺的是纯洁的学术精神。

蒋风收到样刊后,认真阅读,又有意外收获。蒋风给总编辑写信,指出其中存在的误写,并请教有关事宜,从中看到一位儿童文学老教授的童心和情怀:

编辑同志:

你好!

今天收到《宣传半月刊》2012年第1月(上),翻了一下,您是总编辑,猜想是您寄我的,谢谢。

看到"浙江情怀榜"我竟被列入2011年度十大人物,既感到惊喜,又感到有愧。我这些年只做了一个教师应做的事,竟给了我这么多的荣誉,实在感到受之有愧。仅2011年,年初我编著的《玩具论》(增订本)获得最高级别的中国出版政府奖(图书奖);7月,全国师范院校儿童文学研究会授予我中国儿童文学发展特殊贡献奖;12月又去日本领取第十三届国际格林奖。想不到年末还上了"2011年度十大人物"榜,真是喜愧交加。

在《宣传半月刊》上的介绍中,有几处稍与事实有误,专此奉告:

一、该奖是"国际格林奖",而不是"国际格林童话奖"。

二、该奖每两年评1次,在世界范围每两年评选出1人。而不是"每年只有1名获奖者"。

三、"上榜理由"中"因为有蒋风,中国有了世界顶尖的儿童文学理论"。这一评价太过奖了,与事实不符。我首先要声明:在中国,把儿童文学构建成一门学问,有了世界顶尖的儿童文学理论,是成千上万人经过几代人努力的结果,绝不是我一个人所能完成的。早在清朝末年就有先驱者在倡导,在努力,经过百余年的孜孜不倦的探索,才会有今天这样的规模和水平。我至多也只是这支浩浩荡荡队伍中的一名小卒而已。

以上三点与事实有出入,不敢掠美,希望借贵刊一角正误,如能刊出,烦请贵刊再寄赠一册留念。

匆此,祝新春快乐!

蒋 风

2012年1月18日

又,顺便我也想了解贵刊所发的"浙江情怀榜"的"2011年度十大创新"和"2011年度十大人物"绝不是由某几人随意决定的,那么究竟通过什么程序产生的呢?您能告诉我吗?

蒋风问鼎国际格林奖,很多媒体借机采访蒋风教授,表达祝贺的同时，也希望蒋风教授对当下中国的儿童文学现状发表自己的看法。有记者问蒋风是否喜欢正在热播的电影《哈利·波特7》。蒋风笑着说，他只看过《哈利·波特》小说系列的前两部。蒋风坦言，他没有想到《哈利·波特》这套书会这么火，讲魔法的儿童文学挺多的，《魔戒》就是很好的经典作品，但没觉得《哈利·波特》比《魔戒》好看。蒋风对《哈利·波特》一本接一本地出，一直都很畅销，感到困惑。"一本好书是需要经过时间考验的"，《哈利·波特》之所以畅销的原因，蒋风认为是"这本书蕴含了很深的英国文化积淀"。

有记者问蒋风对国产动画片《喜羊羊与大灰狼》的看法，蒋风如实地说，他没有仔细看过这部动画片。蒋风感慨地说，"以前连环画是不算儿童文学的，现在随着传媒形式的发展，动画片也被纳入了，安徒生奖还追加评选画家了"。不过，蒋风特别强调，"不是卖得好的书就是好书，尤其是漫画书"。①

蒋风以日本漫画为例，这些漫画中经常涉及色情倾向甚至有男女性爱的内容，不适合小孩子看。还有《奥特曼》里有很多暴力的东西，也是小孩子容易模仿的。蒋风最不能容忍儿童文学中有对孩子不尊重、情感不真实、诓骗孩子的作品和行为。当年世界上最畅销的读物首推英国女作家J.K.罗琳撰写的系列魔幻文学作品《哈利·波特》，中国最畅销的作品毫无疑问首推炙手可热的儿童文学作家杨红樱的创作。在近两年的儿童文学畅销书榜上，杨红樱的作品占了一半。杨红樱的《女生日记》《男生日记》《五三

---

① 郭婧.86岁了为什么还在免费教人写童诗？——对话中国问鼎格林奖第一人蒋风[N].都市快报.2011:08—11.

班的坏小子》《漂亮老师与坏小子》等作品深受孩子们喜爱。她的新作《淘气包马小跳》系列小说更是风靡了中小学校园，首发即达 120 万册，有学生亲切地称杨红樱为"中国的罗琳妈妈"。

中外"罗琳"的作品，蒋风都认真拜读了，反而让蒋风忧虑起来，感觉儿童文学被误解了——儿童文学几乎变成了快餐文学的代名词，快乐儿童文学被人狭隘、错误地理解成了轻松文学。蒋风不无惋惜地说："杨红樱本来是很有才气的，早期的作品像《女生日记》等写得挺不错的，很有文学气息。可后来的一些作品，像《淘气包马小跳》等迎合了孩子的心理，只讲趣味，文学性不够。"[①] 蒋风说，一个人的精力有限，不可能源源不断无限期地写作。一些当红作家被这个出版社约稿，那个出版社约稿，很容易被出版社牵着鼻子走，几个系列一起写，根本出不了精品。早在 2008 年的一次采访中，蒋风就直言，"杨红樱现在是在被出版社牵着鼻子走，她出了很多畅销书，但它们的艺术水准已经大不如前，肯定流传不下去。"[②] 在蒋风看来，比起《女生日记》时的杨红樱，现在的她不过是在"利用自己的聪明编故事"，尽管依然好看，但雷同得仿佛一个模子刻出来的。

蒋风认为，"《哈利·波特》从某种意义上，也迎合了孩子的心理，商业炒作味道重了一些。儿童文学界有一种观点，认为一部作品受小孩、大人欢迎必将成为经典。我看未必。日本的漫画，大人、小孩都喜欢，但你能说它是经典吗？不过，《哈利·波特》还是有它的成功之处，想象力丰富，将作家的想象和古代的魔法结合起来，描写了当代学生的生活，作者正是通过这个抓住了孩

---

① 李艳.金华蒋风扬名韩国首尔[N].金华日报.2006:09—01.
② 梅子满.蒋风：我不赞成低龄化写作[N].宁波晚报.2008:07—15.

子的心。"在蒋风看来,一部优秀的儿童文学作品必须具备四性:首先要有文学性,其次要有儿童性,第三要有趣味性,第四要有教育性。文学性是第一位的,后面的三性都要服从于文学性,通过美感完成一部作品的创作。①

蒋风始终认为,一部好的儿童文学作品,应该是一个人可以从9岁读到90岁的,比如《爱的教育》,他现在仍然愿意读。蒋风常常推荐的三本书是《爱的教育》《寄小读者》和《大林和小林》。说到《大林和小林》时,坐在沙发上的蒋风老人,突然脱掉左脚拖鞋,搁到右膝盖上,用手指挠着脚底板,咯咯咯地笑着说:"书里面写,那个小林被抓住,上刑罚,上的就是这个足刑,你说,这多么符合儿童的心理,多么有趣啊。"②

四、荣获"亚洲儿童文学交流发展贡献奖"

2014年8月8日至12日,蒋风应邀出席在韩国昌原举行的第十二届亚洲儿童文学大会暨第三届世界儿童文学大会,大会组委会授予蒋风一枚功劳牌——亚洲儿童文学交流发展贡献奖,以奖励他为亚洲儿童文学的交流与

亚洲儿童文学交流发展贡献奖奖牌

---

① 李艳.金华蒋风扬名韩国首尔[N].金华日报.2006:09—01.
② 郭婧.86岁了为什么还在免费教人写童诗?——对话中国问鼎格林奖第一人蒋风[N].都市快报.2011:08—11.

发展做出的巨大贡献。

获得这项殊荣，蒋风当之无愧。蒋风是亚洲儿童文学大会的创始人之一，而且从第一届（1990年）到第十五届（2021年）亚洲儿童文学大会，蒋风作为创始会长、共同会长，在宣传亚洲儿童文学大会、促进亚洲儿童文学交流、扩大亚洲儿童文学影响等方面做出了巨大贡献。特别是蒋风会长从不间断地申请出席每一届大会，只有第五届和第九届遗憾未能出席。蒋风在亚洲儿童文学大会这个洲际平台上，将亚洲儿童文学及世界儿童文学介绍到中国，将中国儿童文学介绍到亚洲及世界，中国儿童文学日益成为亚洲儿童文学大会不可或缺的组成部分和世界儿童文学大家庭的重要成员，没有中国参加的亚洲儿童文学大会和世界儿童文学大家庭，都是不完整的。

蒋风荣获亚洲儿童文学交流发展特殊贡献奖归来，告诉《金华日报》记者，第十二届亚洲儿童文学大会暨第三届世界儿童文学大会的主题是"儿童文学——为孩子种梦"，现在正是儿童文学工作者为孩子种梦的大好时机。蒋风高度评价亚洲儿童文学大会对促进中国儿童文学与亚洲及世界儿童文学交流发展的意义，这也是他为什么不顾亲友劝说，不顾高温天气，仍然千里迢迢赶到韩国参加大会的原因，去参会领奖是一个方面，还因为他非常重视亚洲儿童文学大会这个重要平台，从第一届亚洲儿童文学大会开始，他就与其结下不解之缘，除了两次特殊的原因，蒋风每次都出席，而且从第六届亚洲儿童文学大会开始，蒋风一直出任亚洲儿童文学大会共同会长一职，也是中国代表团团长，在他的推动下，第十届亚洲儿童文学大会还在浙江师范大学召开过。蒋风说："这些年来，我目睹投入到儿童文学事业中的同仁越来越多，亲身感受到儿童文学发展的欣欣向荣。亚洲儿童文学大会从开始只有三四十人参加，到如今吸引了400多人，尤其是从2006年起，更是将范围扩展到了全世界，同时召开了世界儿童文学大会，如今也是第三届了。我去参加大会，不仅仅代表自己，而是中国儿童文学的代表，这是我的责任，也是我的最爱。这次大会主题是'儿童文学——为孩子种梦'，更是我一生追求的梦想。我们儿童文学工作者通过自己的努力和行动，特别是创作优秀的作品，激活孩子心灵的梦想，燃起他们的希望和理想，树立起一个美好的前景。同时，我也在这里呼吁父母、全体教育工作者，还有更多关心儿童、关心未来的人们，都加入'为孩子种梦'的行动中，帮助他们成为实现中华民族伟大复兴的重要力量。"

图为蒋风（中）出席"亚洲儿童文学交流发展贡献奖"颁奖仪式

蒋风对亚洲儿童文学交流发展做出的特殊贡献，还突出体现了海峡两岸儿童文学交流发展上。蒋风以亚洲儿童文学大会创始人、组织者与领导者之一的身份和地位，以亚洲儿童文学大会为机遇与平台，对推进大陆与台湾的儿童文学交流发展做出了巨大贡献。

蒋风是大陆与台湾两岸儿童文学交流发展的开拓者。1989年7月11日至23日,"皖台儿童文学研讨会"在安徽合肥举行。台湾儿童文学研究会林焕彰一行7人首抵安徽,然后到上海、北京等地举行儿童文学交流活动,蒋风和叶君健等儿童文学家参加。有了这次海峡两岸儿童文学界的首次历史性聚会,才有5年后1994年5月28日至6月7日的回访活动。应台湾儿童文学研究会邀请,大陆儿童文学界蒋风等一行14人,到台湾参加海峡两岸儿童文学研究会。

1994年,大陆儿童文学工作者首次访问台湾留影,前排右四为蒋风

这次研讨会的主题是"童诗",蒋风以《从中国诗艺美学传统看海峡两岸的儿童诗》为题发表演讲。在这次交流之后,海峡两岸儿童文学界的交流日益增多。大陆每年都有儿童文学界的人去台湾访学,台湾每年也都有人来大陆访问。现在,浙江师范大学的国际

蒋风(左)与台湾著名儿童文学家林良

儿童文学馆还设有台湾儿童文学资料中心，可见两岸儿童文学界交流的密切。

蒋风不仅开拓了海峡两岸儿童文学的交流，也是中国儿童文学界与世界儿童文学交流的第一人。1986年，蒋风赴日本参加国际儿童读物联盟（IBBY）大会，认识了其他国家的儿童文学界权威人士，如国际儿童文学研究会第一任会长道特尔先生(德国)，从此引领中国儿童文学走向世界。2011年，蒋风在日本被授予国际格林奖，成为该奖项第十三届获奖人，也是首位获此殊荣的中国人，他在致辞时，就向大家推荐了浙江省武义县儿童文学作家汤宏英（汤汤）。很快就有人向蒋风寻找汤汤的作品，很快汤汤的作品就有了日译本。蒋风说："放眼全球，中国的儿童文学起步晚，比英国差不多晚了200年，再加上中文比较难懂，所以必须走出去，让世界更了解中国儿童文学，让中国儿童文学与世界儿童文学取得同一步调。"谈到对外交流的效果，蒋风认为，这种效果不是立竿见影的，需要一个漫长的积累，现在，这么多年过去了，效果就显现出来了，"比如大陆发现台湾的童诗教育做得很好，就向台湾学习，现在也在提倡儿童写诗，不少大陆儿童还有了自己的诗集。台湾也出版了很多大陆儿童文学作家的作品，对他们的创作也有借鉴和推动作用。"

从1990年亚洲儿童文学大会至今30多年来，蒋风始终如一地参与亚洲儿童文学大会活动，坚持不懈地介绍中国儿童文学，其中对儿童文学的热爱、坚守、奉献精神，令人感动。蒋风经常戏称自己是"90后"，还要不断学习、不断工作、不断创新，不知老之已至，其做事的激情和干劲，让年轻人都自叹不如。他为中国及亚洲儿童文学的发展以及世界儿童文学交流做出了突出贡献，包括荣获"亚洲儿童文学交流发展贡献奖"在内的多种奖项，如世界儿童文学理论奖、国际格林奖等，就是对蒋风的认同、赞誉、感激与铭记。

五、荣获"陈伯吹国际儿童文学奖特殊贡献奖"

"陈伯吹国际儿童文学奖"奖牌

2014年，一"陈伯吹儿童文学奖"正式更名为"陈伯吹国际儿童文学奖"，以表彰世界范围内对儿童文学事业做出卓著成绩的儿童文学创作者、儿童文学工作者和相关人士。该奖每年评选一次，被列为上海国际童书展的重要奖项。

2015年11月12日，上海国际童书展在上海世博展览馆开幕。一年一度的陈伯吹国际儿童文学奖颁奖典礼在上海宝山国际民间艺术博览馆举办，蒋风荣获国际陈伯吹儿童文学奖年度特殊贡献奖，蒋风的学生，汤汤的童话《水妖喀喀莎》获得年度单篇作品奖。师生同时获奖，蒋风特别开心。颁奖典礼上，90岁高龄的蒋风开玩笑地说，他现在也是"90

蒋风出席颁奖仪式并发表获奖感言

后",他会保持一颗童心,坚持到生命最后一刻。

大会给予蒋风的颁奖词写道:

>蒋风先生是我国著名的儿童文学家。他用一生的心血致力于儿童文学,在儿童文学创作、教学、研究等方面做出了重大贡献,曾先后得过中国图书奖、全国艺术科学国家重点研究一等奖、宋庆龄儿童文学特殊贡献奖、国际格林奖等多种荣誉。
>
>蒋风先生是中国现代儿童文学理论的杰出代表。他治学严谨,视野开阔,为我国儿童文学理论的基础建设做出了具有重要意义的贡献,其主要著作有《儿童文学概论》《儿童文学史论》等,还主编了《中国现代儿童文学史》《世界儿童文学事典》等多种论著。
>
>蒋风先生是中国儿童文学学科建设的创始人之一。他把浙江师范大学打造成我国儿童文学的重要基地,创办了儿童文学研究所,首开儿童文学硕士点,在他的领导下,培养了一支优秀的中国儿童文学理论队伍。古稀之年,蒋风先生又创建了中国儿童文学研究中心,继续为我国的儿童文学事业添砖加瓦。
>
>蒋风先生致力于中国儿童文学"走向世界",他是第一位中国籍的国际儿童文学研究会会员,亚洲儿童文学学会副会长、亚洲儿童文学研究会共同会长,在对外交流中发挥了重要作用。
>
>年届九旬的蒋风先生始终葆有纯洁的童心,真诚宽厚,胸襟博大。他长年自费编印《儿童文学信息》报,搭建一个

特殊的平台为儿童文学鼓与呼。他捐出自己获得的格林奖奖金，专门设立了"蒋风儿童文学理论奖"，在中国儿童文学发展的长河中，他的身影是一道独具光彩的风景。

"陈伯吹国际儿童文学奖2015年度特殊贡献奖"颁奖词

颁奖词从五个方面全面评价了蒋风对中国儿童文学建设发展做出的特殊贡献。在获奖后接受媒体采访时，蒋风在肯定新世纪以来中国儿童文学创作取得的可喜成绩和快速发展的同时，也表达了自己的担忧：一是精品不多，缺乏创新活力，反映作者编故事的能力有限；二是"快餐式"读物泛滥，缺乏文学之美，对儿童阅读有害无益；三是经典意识淡薄，追求市场效应，将个性化创作变成了模式化简单生产，过度娱乐而缺乏营养。蒋风以陈伯吹的儿歌《摇篮曲》为例，呼唤当代经典：

摇 篮 曲

陈伯吹

风不吹，浪不高，
　小小的船儿轻轻摇，

小宝宝啊要睡觉。

风不吹,树不摇,
小鸟不飞也不叫,
小宝宝啊快睡觉。

风不吹,云不飘,
蓝蓝的天空静悄悄,
小宝宝啊
好好儿地睡一觉。

念完这首儿歌,
就乖乖地睡觉吧。

蒋风评析说,这首儿歌,描绘了一幅母亲哄宝宝睡觉的慈爱幸福情景,意境和音韵都很美,又很浅显,母亲轻声细语、娓娓道来,给孩子带来的是爱的享受。蒋风强调,儿歌创作,重在纯真,儿童文学也一样,只有真心从孩子的角度出发去创作,重童真、童趣、童味,才能创作出新的经典。

六、设立"蒋风儿童文学理论贡献奖"

2014年2月16日,《浙江师范大学报》刊发该报记者朱慧的报道:"近日,'蒋风儿童文学理论贡献奖'在我校成立。该奖将从今年起开展评选,每两年一次,奖励全国范围内、在儿童文学学术研究领域取得卓越成就的儿童文学理论家,这也将是国内第一个面向全国儿童文学理论工作者设立的奖项。"

"蒋风儿童文学理论贡献奖"是按照蒋风的愿望设立的。早在2011年12月,蒋风获得第十三届国际格林奖,成为第一个问鼎国际格林奖的中国人。获奖当时,蒋风就表示,这个奖不是属于我个人的,而是中国儿童文学理论工作者们的共同荣誉,是几代人经过100年左右的努力,才能得到的肯定,为此我愿意把奖金捐赠出来在中国设立同样的奖项。"我愿以我的余生,在儿童文学的园地里继续耕耘,直到永远!"蒋风先生许下了自己的承诺,捐出全部奖金100万日元(约6万元人民币),希望在浙江师范大学设立儿童文学理论贡献奖,鼓励从事儿童文学研究的学者,推动中国儿童文学事业的发展。

蒋风的倡议得到浙江师范大学领导的高度重视,时任浙江师范大学校长梅新林多次表示全力支持蒋风老校长实现愿望。为进一步推进该项工作,浙江师范大学设立了配套专项基金,出台《"蒋风儿童文学理论贡献奖"评选办法》,按照蒋风的建议,参照"国际格林奖"的评奖办法,在全国范围内邀请30位有一定知名度的儿童文学研究学者、作家及出版人组成通讯评委专家库进行评议,每次推选出一名学者,并于当年"六一"国际儿童节前颁奖。

2014年4月19日,首届蒋风儿童文学理论贡献奖颁奖典礼在浙江师范大学儿童文化研究院举行,浙江师大副校长楼世洲出席典礼。儿童文化研究院院长方卫平教授主持典礼。著名学者、作家刘绪源(1951—2018)成为首位获此殊荣的儿童文学理论研究者。刘绪源以前是《文汇报》"笔会"栏目主编,后潜心创作儿童文学作品和从事儿童文学研究,他的作品结合了哲学、美学的知识，有独特的见解，又通俗易懂，理论代表作有《儿童文学的三大母题》《儿童文学思辨录》《中国儿童文学史略》等。评委会给刘绪源先生的颁奖词写道：

> 刘绪源先生善于在中国文学史的宏观历史背景下研究当代儿童文学创作与出版问题，关切着大文化背景下儿童与儿童文学的本体；并且能够跨界研究、观点透辟地从美学、哲学与新史学的视角梳理与思考中国儿童文学的历史与当下。作为学者和评论家，他的研究和批评凸显于这个时代，突出印记着他的执着、他的独立精神、他的学术良心和他的文学担当。

刘绪源发表获奖感言，说出了获奖背后的三个"感人"：一是蒋老先生以一生辛勤得到了国际格林奖，却把奖金如数捐赠，设立这个奖；二是浙江师范大学是中国儿童文学理论研究的中心和重镇，校内就有深受肯定的优秀研究者，却能让贤；三是儿童文学同行们没有门户之见，把一个跨界的研究者选为获奖者。刘绪源表示，为着这份收获和感动，他将在儿童文学理论研究事业中继续努力，做出贡献。

刘绪源先生

副校长楼世洲教授表示，在蒋风先生的倡议下，学校设立"蒋风儿童文学理论贡献奖"，意在推动儿童文学研究事业的发展，提升儿童文学学术研究水平。楼世洲希望能有更多的杰出儿童文学理论研究者脱颖而出，为我国儿童文学事业发展做出新的更大贡献；希望儿童文化研究院在儿童文学研究基础上，继续拓宽研究领域，在儿童教育、儿童早期开发、儿童玩具、动画等领域取得新的成绩。

"蒋风儿童文学理论贡献奖"至2023已经举办6届，获奖者分别为：刘绪源（第一届，2014年）、朱自强（第二届，2016年）、韦苇（第三届，2018）、王泉根（第四届，2020）、杜传坤（第五届，2021）、汤素兰（第六届，2023）。

七、圆梦中国儿童文学事业

2015年10月1日是蒋风90大寿，浙江师范大学儿童文学研究院方卫平院长提议，用出版一部纪念文集的形式，为浙江师范大学儿童文学学科创建人蒋风教授庆祝90华诞，感谢他数十年来为浙江师范大学儿童文学学科建设做出的重大贡献。接受任务的浙江师范大学周晓波教授与蒋风老师沟通，"决定这本书的主题就围绕着蒋风先生90华诞暨从事儿童文学事业70周年来做，请蒋风先生的弟子及好友根据自己对蒋风先生的了解，从不同的角度撰文来评价蒋风先生的为人处事及对我国儿童文学事业所做出的贡献"[①]。征文自2014年12月发出后，截至2015年3月底，收到100多位作者通过电子邮件和邮寄书信发来的稿件。文友及

---

① 周晓波. 编后记[C]//周晓波主编. 荜路蓝缕：圆梦中国儿童文学事业——祝贺蒋风教授九十华诞暨从事儿童文学事业七十周年纪念文集. 杭州：浙江工商大学出版社. 2015:323.

学生们以他们极大的热情,通过文章、札记、书信、诗词、书画等各种形式,发来了他们对蒋风先生90华诞的热烈祝贺,并对蒋风先生数十年来对儿童文学教学、理论研究和组织活动等方面的卓越贡献给予了高度的评价与称颂。

周晓波主编的《筚路蓝缕:圆梦中国儿童文学事业——祝贺蒋风教授九十华诞暨从事儿童文学事业七十周年纪念文集》(以下简称《筚路蓝缕》)根据来稿的类型分为三大块,形成三辑:第一辑《蒋公之风 山高水长》,收录贺寿书画作品16幅、诗词作品16篇;第二辑《桃李满天下 师恩永难忘》,收录蒋风先生曾教过的学生的回忆文章35篇;第三辑《得识赤子之心 缘可化

《筚路蓝缕》(2015)

东风》,收录蒋风先生的文友们的回忆与评价文章38篇。另有《蒋风编著年表》《蒋风主要获奖项目》两个附录。在周晓波主编的《编后记》后,又有蒋风专门写的《后记》。蒋风在《后记》里写道:"我因年迈体衰且视力极差,本不想看,因我也信任她(指主编周晓波)的能力和水平,但又感好意难却,勉力又从头到尾泛读了一遍。除了感谢全体作者积极参与的热情外,也感到十分汗颜。因为几乎每篇文章都有一些溢美之词,确实受之有愧,尤其有多篇文章中都给我戴了'儿童文学泰斗'的高帽,这使我想起季羡林教授写过一篇《敬辞泰斗》的短文,连季老这样博学多才的专家都要敬辞'泰斗'的称号,而我只不过是一个平凡的教师,岂

敢笑纳！但文集即将付印，再一一请作者修改，时间也不允许，让编者擅自修改又是对作者的不敬。因此只得在此表明我内心惴惴不安的心意。感谢各位对我的推崇，但确实过奖了，担当不起，大家的美意我心领了。我会把大家的嘉勉，当作鞭策，在有生之年为儿童文学事业继续奋力向前，绝不停息。"①

《筚路蓝缕》无疑是一部研究"蒋风与儿童文学"的重要史料，从与蒋风关系密切的学生和友人的"第一视角"，其实也是代表儿童文学界，因为不论是蒋风的学生，还是友人，都是从事儿童文学的，或创作、或评论、或教学、或研究、或出版，遍及儿童文学行业的所有职业，而且都有一定的影响和知名度，甚至处在儿童文学某一领域的决策者、领导者、组织者的重要岗位，因而他们各自的视角，正好也代表了儿童文学界并从多个方面对蒋风从事儿童文学事业70年的光荣历程与突出贡献给予评价，使得《筚路蓝缕》这部纪念文集，不仅是一部感人至深的贺寿感恩的友情见证，也是蒋风圆梦儿童文学事业的人生记录，还是一部用情感和事实共同讲述的"蒋风故事"，具有极其珍贵的纪实性、史料性、研究性与学术性价值。

高洪波、圣野、宗介华、杨啸、王泉根、张继楼、周锐、张锦江、马力等儿童文学作家在贺寿书画、诗词中赞颂蒋风的高尚品德、巨大贡献、奉献精神和永葆童心。蒋风同时代的著名儿童诗人、比蒋风还大3岁的圣野在祝寿贺词中写道："蒋风先生是中国儿童文学理论走向世界的第一人，是我国现代儿童文学理论的杰出

---

① 蒋风. 后记[C]//周晓波主编. 筚路蓝缕：圆梦中国儿童文学事业——祝贺蒋风教授九十华诞暨从事儿童文学事业七十周年纪念文集. 杭州：浙江工商大学出版社. 2015:325.

代表,是他培养了一支优秀的中国儿童文学理论队伍。蒋风先生始终致力于中国儿童文学走出去的努力,他无疑是展开中外儿童文学交流的最热心的开拓者和见证人。祝蒋风先生健康长寿,青春永驻,成为一株永远让人热爱让人羡慕的不老松!"

上海大学教授张锦江以"德润童心"四字讴歌蒋风的品格。辽宁师范大学教授马力用一幅红色"寿"字剪纸为蒋风老师祝寿,并将蒋风属牛的"牛头"形象巧妙地呈现在剪纸作品中,而剪纸艺术又是蒋风钟爱一生、研究一生的非物质文化遗产,以剪纸作品贺寿非常合适。内蒙古作协名誉主席、儿童文学作家杨啸创作了一首藏头诗,将诗句的第一个连起来,成为一句新诗:"蒋风九十老寿星　一生心血为儿童"。

凡此种种,可见用心用情之深。金华市马良小学9岁小朋友方菲也以稚嫩的画笔,把"最美的蛋糕送给最美的蒋爷爷"。

诗人圣野祝寿贺词

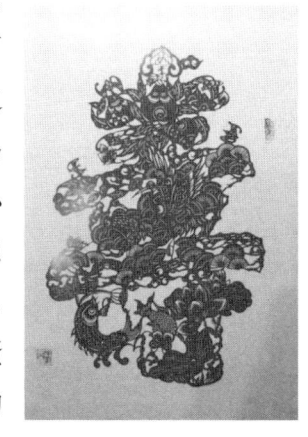

寿(剪纸)

9岁小学生方菲画作

蒋风招收的第 1 届（1979 级）研究生、温州大学文学院教授吴其南以《蒋老师，一个用一生热爱儿童文学的人》为题，列举蒋风老师对儿童文学多方面的贡献：一是研究具体的作家作品，写出了一些最早的儿童文学作家作品论；二是研究现当代儿童文学史，为中国现当代儿童文学史勾画出一个大致的轮廓；三是重视儿童文学基础理论研究；四是最早在高校开设儿童文学课的教师之一。①

蒋风第 2 届（1982 级）研究生，北京师范大学教授、博导，中国作家协会儿童文学委员会副主任王泉根，以一首《敬贺蒋风先生 90 华诞》长诗，讲述了蒋风老师筚路蓝缕开创儿童文学学科的创业精神——

三十年前忆研修，浙师校园走耕牛。
尖峰山下稻花香，蛙鼓声里读《木偶》②。
筚路蓝缕开新径，何畏职称副教授。
呕心沥血启山林，奋起立派写春秋。
传经授道童心热，办班创会传众口③。
荆棘丛中光荣路，获奖格林动全球④。

---

① 吴其南. 蒋老师，一个用一生热爱儿童文学的人[C]//周晓波主编. 筚路蓝缕：圆梦中国儿童文学事业——祝贺蒋风教授九十华诞暨从事儿童文学事业七十周年纪念文集. 杭州：浙江工商大学出版社. 2015:48—49.
② 指意大利童话《木偶奇遇记》。
③ 蒋风先生与韩国李在彻教授、日本鸟越信教授等儿童文学理论家创办亚洲儿童文学大会，又在浙江师范大学开设全国普师儿童文学教师培训班。
④ 2011 年，蒋风先生荣获国际儿童文学理论奖"格林奖"。

执掌师大谋宏略，中心授课免束脩①。
自办小报传信息②，但求学脉传之久。
多少愿景已成真，而今两代白了头。
尚有一梦难成圆③，且将藏书捐红楼④。
经霜枫叶老弥红，度尽磨难气更柔⑤。
三阳开泰逢九序，松鹤延年祝华寿。

王泉根
2015年1月6日于北京师范大学

蒋风第2届（1982级）研究生，连环画出版社总编辑、编审，中国作家协会儿童文学委员会委员汤锐，深情回忆在蒋风导师身边3年读研的难忘生活，特别是在她撰写研究张天翼儿童文学创作的硕士学位论文期间，蒋风特地抽时间带她到北京拜访张天翼本人，同时还拜访了冰心、严文井、叶君健等令人敬仰的儿童文学大家。汤锐说，"对于我们这些儿童文学专业的弟子来说，那不啻为朝圣一般珍贵的时刻"，对今后从事儿童文学工作，是非常重要的经历和资源。她非常感恩蒋风老师不仅把她"领进儿童

---

① 蒋风先生离休后，创建中国儿童文学研究中心，免费招收非学历儿童文学研究生，免费授课。
② 蒋风先生自办《儿童文学信息》报，寄给各地儿童文学爱好者。
③ 蒋风先生说：他尚有一个梦想未能实现，就是创建"国际儿童文学馆"。
④ 蒋风先生将自己的部分藏书捐给浙江师大儿童文化研究院，该院位于校内红楼。
⑤ 1993年，蒋风先生不幸跌成脑外伤，造成后脑勺破裂，做了两次大手术，安然无恙。

文学这扇门",而且毕业后几次调动工作,"蒋老师都写信告诫我:不要放弃了所学的专业,要继续为儿童文学做点儿事。"她也没有辜负蒋风老师的厚望,在做好童书出版同时,一直坚持儿童文学研究,著有《比较儿童文学》《现代儿童文学本体论》《北欧儿童文学述略》等儿童文学著作。

蒋风导师(左)和他的研究生韩进

蒋风第7届(1990级)研究生、时代出版传媒股份有限公司副总经理、中国作家协会儿童文学委员会委员、安徽省作家协会副主席兼儿童文学创作委员会主任、安徽省文艺评论家协会主席、儿童文艺家协会副主席兼秘书长韩进,以《蒋风先生对中国儿童文学理论建设的贡献》为题,从五个方面展开论述:(一)蒋风是中国儿童文学学科建设的开创者与奠基人;(二)蒋风先生儿童文学观三要素:文学性、儿童性、方向性;(三)蒋风先生的儿童文学史观:"五四"新文化运动催生中国儿童文学;(四)中国儿童文学理论"走出去"第一人;(五)试论"蒋风精神":梦想与奋斗、信念与毅力、包容与专注、学习与创新、童心与奉献。

主编周晓波在《我的儿童文学事业的引领人——蒋风先生》一文里,讲述自己有幸作为"文革"后恢复高考的第1届(1978)大学生,就进入浙江师范学院中文系读书,在父亲圣野先生的引荐下,最早跟随蒋风老师学习儿童文学,终于走上儿童文学道路,并且始终得到蒋风先生的教导并与蒋风先生一起从事儿童文学教学与研究工作。像她这样直接得到蒋风先生的指导走上儿童文学道路的人还有很多,周晓波以"桃李满天下,硕果结千枝"来形容蒋风培养儿童文学队伍的突出成就,并以亲身经历高度评价蒋风作为"儿童文学事业杰出的开创者和活动家""儿童文学基础理论和史学研究的建设者和开拓者"的历史地位。

周晓波教授(左)与蒋风先生(右)

浙江师范大学首届全国幼师普师儿童文学教师进修班学员、贵阳幼儿师范专科学校副教授、全国师范院校儿童文学研究会常务副理事长马筑生以《蒋风与全国师范院校儿童文学研究会》为题,以翔实珍贵的史料,系统全面地介绍了全国师范院校儿童文学研究会的历史沿革,以及从1984年创建至当年第15届(2015)年会的情况。为了表彰蒋风先生对全国师范院校儿童文学研究会的贡献,在吉林长春第13届(2013)年会上,研究会理事会授

2014年蒋风前排(中)出席在苏州召开的全国师范院校儿童文学研究会常务理事会

予蒋风"特殊贡献奖"奖牌,高度赞赏蒋风先生"只要对全国师范院校儿童文学研究会有益的工作,他都会不遗余力地去做"的毅力与精神。

与《筚路蓝缕》同一时期,还出版有6部重要著述——《儿童文学缀辑》(2015)、《新世纪的足迹——蒋风的儿童文学世界》(2014)、《光荣的荆棘路:蒋风文论集》(2013)、《新编儿童文学教程》(2013)、《外国儿童文学教程》(2012)、《寻梦之旅》(2012)、《悠悠文缘》(2010)等,与陈兰村教授的《蒋风评传》(2010)一起,从不同方面记录并展现了蒋风的儿童文学历程和对儿童文学学科建设做出的巨大贡献,共同为蒋风90华诞献礼。

《儿童文学缀辑》(2015)

《儿童文学缀辑》,蒋风著,24万字,272页,浙江少年儿童出版社2015年12月出版。这是蒋风出版的第8部文集,收录蒋风认为较为重要的,以及前7部文集中没有收录的儿童文学文论29篇,时间跨度涵盖蒋风从事儿童文学教学与研究的70年,正如该书封底介绍文字所说的:"一位中国儿童文学研究开拓者贯穿70年儿童文学研究心得的论文、评论、讲演集;一本献给儿童文学研究和爱好者的理论读本、中国儿童文学70年研究史料的珍藏本"。

全书主要内容可分为六类:

(一)应邀撰写的关于儿童文学与儿童教育关系的文论。

如《人生最早的教科书——试论儿童文学和儿童成长的关系》（2003）、《开启儿童心智的金钥匙——漫谈儿童文学与小学语文教育》（2008）。

（二）儿童文学作家作品研究。如《〈木偶戏〉的艺术特色及其在中国儿童诗歌史上的地位》（1991）、《叶圣陶童话艺术初探》（1994）、《诗意从何而来——葛翠琳童话读后感》（1995）、《圣野的诗》《萧萍的儿童诗》。

（三）在儿童文学国际学术会议上的发言。如《80年代儿童特点和儿童文学典型人物创造问题》（1985）、《历史·现状·未来——中国儿童文学研究如何走向世界》（1988）、《走向21世纪的香港儿童文学》（1997）、《信息时代·儿童·儿童文学——从当代儿童生存现状看儿童文学发展》（1999）、《从口水吐向安徒生到哈利·波特》（2002）、《爱薇论——兼论马来西亚华文儿童文学的发展》（2004）、《和平：儿童文学的永恒主题》（2006）。

（四）对我国儿童文学历史、现状和未来的研究文章。《儿童文学在中国：作为一门学科处境尴尬》（2003）、《重温经典的意义》（2012）、《从漫漫的觉醒之路走向梦想的明天——中国儿童文学的过去、现在和未来》（2012）。

（五）因教学需要与同事或研究生合作的论文。如《略论金近的童话观》（与韩进合作，1990）、《鲁迅、周作人早期儿童文学观之比较——兼论中国现代儿童文学发展的鲁迅方向》（与韩进合作，1994）、《论鲁迅杂文中的儿童文学观》（与黄云生合作）、《路一定会越走越宽——刘厚明儿童小说欣赏》（与邹亮合作）。

（六）附录：中国儿童文学的足迹（上古时代—1991）、外国儿童文学足迹及里程碑（上古时代—1987）。综合上述六个方面内容，更具体直观地印证了诗人圣野在写给蒋风90华诞的贺辞中所说的："蒋风先生始终致力于让中国儿童文学走出去的努力，他无疑是展开中外儿童文学交流的最热心的开拓者和见证人。"从上述70年儿童文学研究心得的论文、评论、演讲、教学成果看，"蒋风真正是一位在任何情况下都能坚持不断学习、坚持理论联系实际的、冷峻而又热情的儿童文学理论家。正是他勤奋的精神、严肃的态度、渊博的学识、严谨的思辨，再加上行云流水般的文笔，使蒋风始终走在儿童文学理论研究的前列，为建立和发展新中国的儿童文学理论体系做出了无可替代的贡献"①。

《新世纪的足迹——蒋风的儿童文学世界》，蒋风主编，70万字，642页，安徽文艺出版社2014年5月出版。该书收录了新世纪以来15年间国内外发表的有关"蒋风与儿童文学"的研究、报道等重要文章，集中展现了蒋风对儿童文学理论的研究、教学推广、作家培养、读者培育、对外交流等做出的多方面贡献，是研究新世纪以来蒋风儿童文学理论与实践的必读书，也是研究新世纪中国儿童文学发展的重要参考书。

《新世纪的足迹》（2014）

---

① 张锦贻.蒋风论[C]//周晓波主编.筚路蓝缕：圆梦中国儿童文学事业——祝贺蒋风教授九十华诞暨从事儿童文学事业七十周年纪念文集.杭州：浙江工商大学出版社.2015:209.

该书有韩进撰写的近 2 万字长文《追随蒋风先生 30 年》作为代序。正文分三部分：

（一）"蒋风与儿童文学"研究文论选。选录新世纪以来研究蒋风的重要论文 14 篇，如韦苇的《一生在初阳文学里潜心相守——与儿童文学结缘 60 年的蒋风先生》《我说蒋风先生创立的儿童文学研究品牌》、吴其南的《蒋风先生的贡献》、孙昱的《彩虹桥上的先锋使者——蒋风先生对外交流 30 年历程》、徐维欣的《蒋风：60 载播撒儿童文学火种》等。

（二）"中国儿童文学研究中心·全国儿童文学讲习会"纪实。包括蒋风新世纪以来在全国儿童文学讲习会上的演讲与授课，历届讲习班的开班纪要、媒体报道以及学员论文、散记等，为了解新世纪以来蒋风以全国儿童文学讲习会为平台培养儿童文学新人以及全国儿童文学发展现状与趋势，提供了有价值的窗口。

（三）"蒋风与儿童文学"媒体报道编年文选。选录 2000—2014 年间蒋风发表的重要文章、媒体发表的重要报道，以编年文选形式呈现的"新世纪蒋风儿童文学活动史"，具有较高的史料价值，方便研究者查阅参考。

《光荣的荆棘路：蒋风文论集》，蒋风著，30 万字，302 页，接力出版社 2013 年 10 月出版。该书是在 2005 年接力出版社出版的蒋风著《蒋风儿童文学论文选》

《光荣的荆棘路》（2013）

基础上修订增补的新书,增补内容包括《〈木偶戏〉的艺术特色及其在中国儿童诗歌史上的地位》《人生最早的教科书——试论儿童文学和儿童成长的关系》《东亚儿童文学百年回眸》《东南亚华文儿童文学的现状及未来》《中日儿童文学交流的回顾及前瞻》《从漫漫的觉醒之路走向梦想的明天——中国儿童文学的过去、现在和未来》《走向 21 世纪的香港儿童文学》《爱薇论——兼论马来西亚华文儿童文学的发展》共 8 篇文论。蒋风在代序《走在光荣的荆棘路上——我与儿童文学》中,从 7 个方面回顾了自己的儿童文学人生,"从 1943 年在《青年日报》上发表童话诗《落水的鸭子》算起,我已经在被安徒生称为'光荣的荆棘路'上走过了整整 60 年。其间,虽然风雨相伴,挫折不断,误解相随,我总是一如既往,痴心不改。"① 这 7 个方面是:

一、童话让我第一次体会到孩子的乐趣。
二、从儿童文学创作转向理论研究。
三、儿童文学给我无穷的想象力和创造力。
四、看到年轻学者的成长,是我最大的快乐。
五、推动儿童文学走出国门,走向世界。
六、一人办一个中心、一份报纸。
七、在孩子心中播撒诗歌的种子。

蒋风在《代序》的最后写道:"人的一生是很短的,短暂的

---

① 蒋风. 走在光荣的荆棘路上:我与儿童文学//蒋风儿童文学论文选:代序. 南宁:接力出版社. 2013:1.

岁月要求我们好好领会生活的进程。在从事儿童文学创作、教学、研究的岁月中,我将一步一步地奋然前行,在'光荣的荆棘路'上,尽一个人所能尽的最大努力,不折不挠地为自己也为儿童文学事业开拓道路。"

《新编儿童文学教程》《外国儿童文学教程》2 部教材,均由浙江大学出版。两部教材都是蒋风在 2011 年获得第 13 届国际格林奖后,以新身份新视野新经验推出的最新成果,也是蒋风对儿童文学学科教材建设做出的新贡献。

《新编儿童文学教程》,蒋风著,33.3 万字,276 页,是整整 30 年前湖南少年儿童出版社出版的《儿童文学概论》(1982)的修订版。蒋风在《新编儿童文学概论·前言》里写道:"《儿童文学概论》1982 年 5 月在湖南少年儿童出版社出版后,被各地师范院校广泛采用作为教材,短短两年三次重印,不仅在国内受欢迎,而且远播海外。台湾就有一种公开出版的儿童文学教材,整节整节抄录,连小标题也照抄不误。日本儿童文学学会主编的《儿童文学事典》(东京书籍株式会社,1988)在介绍'儿童文学论'条目时,将该书与保罗·亚哲尔的《书·儿童·成人》(1932)、史密斯的《儿童文学论》(1953)、马卡连科的《儿童文学与儿童读物》(1955)、李在彻的《儿童文学概论》(1967)等当作'儿童文学论'发展举例的 5 本代表作之一。日本上笙一郎、富田博

《新编儿童文学教程》(2013)

之合著的《儿童文学研究之轨迹》（久山社，1988）也作了相似的评价。因此多年来，不断有单位要求我提供这本书作为教材，我也为此深受鼓舞。但由于该书出版已30年，出版社后来也未重印，无法满足各方的需求，而且笔者深感该书年代已久，不仅不够成熟、不够完整、不够系统化，且因时代发展带动的儿童文学观的进步，书中不少观点显得陈旧而不合时宜。因此我决心将该书重新修订。"可以说，"本教材是我多年在高校从事儿童文学教学实践的积累，经过多次增订修改，力求成为一本简明扼要、较为完整、适合大专院校开设儿童文学课的教学资源，是一本确切概述儿童文学基本知识的书籍。同时，我还主编出版了一本《外国儿童文学教程》作为配套教材，希望能点燃大专院校学生及广大读者对儿童文学的阅读兴趣和从事儿童文学事业的热情，这也是我美好的目的。"①

主编一部《外国儿童文学教程》一直是蒋风期待已久的心愿。蒋风教学研究的主要方向是儿童文学基础理论和中国儿童文学史，外国儿童文学相对不是他的强项，却也是蒋风非常重视的，浙江师范大学儿童文学学科的完整建设，就有蒋风将上海外国语学院毕业、有世界文学背景的韦苇老师从云南调到当时的浙江师范学院的开创之功，

《外国儿童文学教程》(2012)

---

① 蒋风.新编儿童文学教程：前言[M].杭州：浙江大学出版社.2013:3.

韦苇因此在浙江师范学院这块儿童文学的沃土里成长为中国研究世界儿童文学的著名专家。蒋风主编的这部《外国儿童文学教程》也正由韦苇教授作序。

《寻梦之旅》,蒋风著,30万字,420页,上海三联书店2012年1月出版。该书收录蒋风新时期以来与儿童文学有关的资料性散文111篇,主要包括个人自传性回忆录、参加中外儿童文学活动的感言与发言、阅读儿童文学名作新作的心得体会、与同辈文友交往纪实、关爱儿童小读者的创作与成长,以及对社会儿童文化现象的观察与思考,是了解蒋风成长的童年文化背景、观察蒋

《寻梦之旅》(2012)

风儿童文学思想的变迁、研究蒋风儿童文学人生轨迹等的重要资料文献,也是对蒋风追梦、寻梦的足迹的真实记录。代表作品有:《在防空洞里度童年》《1978,具有里程碑意义的一年》《生命中最实在的律动——关于改名浙江师大的回忆》《60年,我想对你说》《为了儿童文学繁荣的明天——关于国际格林奖》《是孩子们给我的力量——我与儿童文学》《鲁迅与儿童文学》《她把游戏精神渗透进儿童文学——林格伦之所以走向世界》《芬兰儿童文学作家杨松》《人世几回伤往事——怀念洪汛涛先生》《幸福的鸟不会从天上飞来——答一位文学少年》,等等,都有特定的史料价值和文学意义。

《悠悠文缘》,蒋风著,台湾秀威资讯科技股份有限公司

《悠悠文缘》（2010）

2010年8月出版，166页。这是蒋风的一部"文坛回忆录，一本温馨的散文集"，记录了蒋风与刘延陵、许杰、三毛、丰子恺、戈宝权、吴奔星、黄宾虹、蒋莲僧、贺敬之、叶君健、洪汛涛、艾青、鸟越信、四方晨、许世旭、刘以鬯等中外文化名家的文缘和交往。另有《附录：我与儿童文学》，以及儿童文学作家董宏猷应蒋风之邀为该书作序。

蒋风回忆录中的文坛师长友人，今天看来都是著名的文化大师，从同时代人的蒋风笔下深情道来，读者会不知不觉中进入那个时代，在蒋风的陪伴引导下，穿越了时空隧道，与各位大师品茗论道，促膝交谈。那些过去的岁月，变得如此生动形象，触手可感。正如董宏猷在《序》中评价的，"先生看似随意地回忆，其实便是一部生动的历史。我尤为感动的，就是先生的深情。我不禁想起了李白的诗句'桃花潭水深千尺，不及汪伦送我情。''相看两不厌，只有敬亭山。'这部深情的优美的作品，让我们看到了作为严谨的学者的蒋风先生另外一个侧面，那就是温馨的、温暖的春风。我曾经沐浴过这样的春风，现在，将会有更多的读者如沐春风,感受君子之交的中国之风的洗礼"[①]。

《蒋风评传》，陈兰村著，23万字，246页，作家出版社

---

① 董宏猷. 悠悠文缘：序[C]//蒋风. 悠悠文缘. 台北：秀威资讯科技股份有限公司，2010:3.

2010年1月出版。这是第一部蒋风传记类作品,作者陈兰村是蒋风的邻居,共事40多年,相互非常熟悉。陈兰村又是传记文学的研究学者,曾出版过《中国古典传记论稿》《中国传记文学发展史》《20世纪中国传记文学论》等学术著作,还有主编《金华历史名人传》的创作经验。陈兰村用3年的时间,创作了《蒋风评传》,以文艺评论的生动文笔,描绘了蒋风一位传奇儿童文学家的人生之路,为蒋风研究提供了重要的传记史料。

《蒋风评传》由《序》《引子》《附录》《后记》与正文组成。正文部分共10章,目录如下:

《蒋风评传》(2010)

第一章 童年在金华(1925—1936)
第二章 战时中学(1937—1942)
第三章 流亡大学生(1942—1948)
第四章 走上"光荣的荆棘路"(1949—1976)
第五章 研究成果冒出来了(1977—1983)
第六章 四年大学校长(1984—1987)
第七章 儿童文学研究所所长(1988—1994)
第八章 发挥余热头十年(1995—2004)
第九章 夕阳正红(2005—2009)
第十章 明天的梦(2009—)

作者认为，写传记就是写一个人的历史，"蒋风的历史，就像一部中国现当代儿童文学研究史"，"他的名字，他的学术活动总是与'儿童文学'四个字结合在一起"。① 因而抓住"中国现当代"这个时代背景，突出"儿童文学"这个基本主题，本着实录精神，根据作者对传主学术地位的准确定位和鲜明个性的把握，以传主人生经历为经，以其重要治学、治校、活动为纬，精心设计上述10个章节，用完整的结构讲述传主完整的儿童文学人生，从童年时期老师在蒋风幼小的心田里播下"儿童文学的种子"写起，到蒋风为实现"明天的梦"而培育"儿童文学接班人"结束，首尾呼应，寓意深刻，可见作者用心用情之力。作者在《后记》里写道"为什么要给蒋风教授写传记"时，就是"觉得蒋风老师是个值得给他写传记的人"，因为"蒋风是位勇于把握自己命运的人"，他如何面对挫折、如何取得成功，这本身就值得人们思考，值得给他写传记。最终，作者根据自己对蒋风的了解，"把蒋风定性为中国著名的儿童文学教育家、儿童文学理论家、儿童文学组织活动家"②。在《蒋风评传》里记录了一个真实的蒋风——为儿童文学而生、为儿童文学发展做出巨大贡献。蒋风

蒋风（右）与作者陈兰村

---

① 陈兰村.蒋风评传：引子[M].北京：作家出版社.2010:3.
② 陈兰村.蒋风评传：后记[M].北京：作家出版社.2010:244.

"为争取下一代"而走过的"光荣的荆棘路"极具象征意义,在蒋风身上不仅有从"丑小鸭"变成"白天鹅"的梦想与行动的力量,还有新中国儿童文学发展史和浙江师范大学发展史的缩影。

浙江师范大学党委书记梅新林教授在为该书写的《序》里,高度评价《蒋风评传》具有"文献存真""历史启思""传记写作"三大价值,强调指出"虽然写的是蒋风先生个人,但实际上就是写出了一所学校、一批教师、一个学科的历史,写出了结缘于儿童文学的诸多人物、事件、论著与影响的历史"。

第四章 立德树人

（2015至今）

一、重修《世界儿童文学事典》

2016年6月17日，91岁的蒋风申请的国家社科基金项目——约350万字的《世界儿童文学事典》获批35万元基金扶持。像蒋风这样高龄申报者能够获得立项批准，这在国家社科基金设立以来极其少见，可能还是破天荒"第一次"，这与蒋风的个人履历、学术地位、德艺双馨的品德有直接关系，何况这个基金项目是蒋风1992年版《世界儿童文学事典》的修订升级版。

1992年希望出版社出版的《世界儿童文学事典》，收录了3700多个词条，有180万字，在当时已经是我国资料最齐全、内容最丰富的研究儿童文学的大型工具书了。但该书从选题获批到文稿完成只有10个月时间，

《世界儿童文学事典》(1992)

成书仓促,蒋风感到有点粗疏,加上当初仅印1300册,书市上早已绝版,出版社也没有存书,无法满足读者需求,蒋风一直在寻找机会修订再版,以不留遗憾的完美面貌奉献给读者。于是,蒋风退休后一直在默默做着资料搜集、内容修订的工作。蒋风说:"哪怕国家社科基金没有批准这个课题,我也要自己做,我把这本书当作我的孩子,希望它长大,更加完美,而且作为工具书,我要争取做到一点儿错误也没有。"

蒋风心里还有一个想法,工具书的出版及其高质量,是一个学科重要的标志性事件,中国儿童文学发生与发展的历史表明,中国儿童文学不仅离不开世界儿童文学的影响,而且本身就是世界儿童文学的重要组成部分,一部完整的《世界儿童文学事典》,最能反映中国儿童文学的发展环境和发展水平,而我国在大型儿童文学事典编写方面,长期处于空白状态,而且很少有人来做。蒋风在对外儿童文学交流中,深感中国在这方面的不足。"从全球视野来看,在20世纪四五十年代,西方国家、东亚的日本都已经有儿童文学事典,我国直到1980年代末才有儿童文学工具书面世,且多为单一文体,比如《寓言辞典》《童话辞典》,直到1990年代才有综合性的《儿童文学辞典》①。"蒋风说,"如今距离1992年版《世界儿童文学事典》已有20多年,这些年,儿童

---

① 1988年1月,明天出版社出版我国第一部《寓言辞典》,鲍延毅主编,共收录2226个词条,53.2万字,566页。1989年9月,黑龙江少年儿童出版社出版我国第一部《童话辞典》,张美妮主编,共收录905个词条,51万字,508页。1991年6月,四川少年儿童出版社出版我国第一部《儿童文学辞典》,编委会有109人组成,蒋风是编委之一。全书共收录1757个词条,近90万字,763页。辞典内容时间下限为1986年,此后一直没有修订再版。

文学阅读创作和教学研究领域都发生了巨大变化，因此有必要做一次大规模的补充修订。该书出版后，要成为我国第一部资料最齐全、内容最丰富的研究儿童文学的大型工具书，可以为全世界的儿童文学爱好者、创作者、教学和研究工作者提供一部专业百科事典，也可以代表中国学术界在世界儿童文学领域发出自己的声音。"

2022年3月1日，浙江师范大学儿童文学研究中心发文《97岁的蒋风再度梦圆》报道，蒋风已经将《世界儿童文学事典》（修订本）的样稿发给了希望出版社，静待该书出版。至此，97岁的蒋风放下在心头挑了5年的担子。

从2016年起，蒋风召集海内外100多名儿童文学研究者，修订《世界儿童文学事典》，想为世界贡献一部300万字的儿童文学百科类辞书。2021年，《世界儿童文学事典》（修订本）初稿完成，全书约300万字，内容涉及亚、欧、非、大洋洲、北美洲、南美洲60个国家约1350位儿童文学作家，950条世界儿童文学作品及形象，61个国家的儿童文学概貌，181种

课题结项证书

各国儿童文学奖项等，修订补充了近30年的儿童文学阅读创作、教学研究领域的新变化新成果，以儿童文学重要内容为纲，较为全面地勾勒了世界各国儿童文学发展情况。进入审查阶段后，蒋风邀请40多名儿童文学领域副教授以上职称的委员参与初审，

10名委员复审，5名委员终审。在结项时，该书被国家社会科学基金项目鉴定为良好等级。

修订版《世界儿童文学事典》在总体框架上与1992年版保持基本一致，包括"十大板块"：一、儿童文学理论及相关知识；二、中外儿童文学作家；三、中外儿童文学作品及形象；四、世界各国儿童文学概貌；五、中外儿童文学学术团体及研究机构；六、世界各国重要的儿童文学奖项；七、世界各国重要的儿童读物出版家及机构；八、中外儿童文学报纸杂志；九、中外儿童文学丛书、文库、选本；十、附录。附录部分包括：一、中国儿童文学发展足迹；二、外国儿童文学发展足迹及里程碑；三、中国儿童文学研究文献；四、外国儿童文学研究文献；五、儿童文学史料拾零；六、名家论儿童文学。

修订版《世界儿童文学事典》的主要特色是从儿童文学学科建设出发，以反映世界各国儿童文学的历史和现状及其研究成果为主要内容，目标读者是儿童文学工作者、大专院校师生和一般儿童文学爱好者，具有收词多、内容新、解释准，兼具资料性、研究性与学术性特征。

二、主编《中国儿童文学史》

一部《世界儿童文学事典》的编写，蒋风从初版到新版修订整整花了30年心血，而对《中国儿童文学史》的研究则贯穿他的儿童文学人生60年。2019年12月，蒋风主编的《中国儿童文学史》由复旦大学出版社出版，这是蒋风儿童文学人生中的一件大事，因为蒋风主编的这部《中国儿童文学史》是第一部具有原

《中国儿童文学史》（2019）

创性质的中国儿童文学"通史"，圆了蒋风追求了60年的心愿。蒋风在该书《序》中写道："现在摆在大家面前的这部《中国儿童文学史》，是在借鉴上述几本儿童文学史的成果经验上，把中国古代、近代、现代和当代贯通起来，把中国儿童文学整合作为一个有机的整体来研究。"①

蒋风这里说的"借鉴上述几本儿童文学史"是指以下6部儿童文学史著作：

《中国儿童文学讲话》蒋风编著　江苏文艺出版社　　　1959年
《中国现代儿童文学史》蒋风主编　河北少年儿童出版社　1987年
《中国当代儿童文学史》蒋风主编　河北少年儿童出版社　1991年
《中国儿童文学史》　蒋风、韩进著　安徽教育出版社　　1998年
《中国儿童文学发展史》蒋风主编　少年儿童出版社　　　2007年
《中国儿童文学史》　蒋风主编　华东师范大学出版社　　2018年

由此可见，蒋风的儿童文学教学研究起始于20世纪50年代的《中国儿童文学讲话》（1959），到2019年出版复旦版新编《中国儿童文学史》整整60年，可以说中国儿童文学史研究，

---

① 蒋风.中国儿童文学史·序[M].上海：复旦大学出版社.2019:3.

贯穿了蒋风整个儿童文学人生。自《中国儿童文学讲话》(1959)到《中国儿童文学史》(2019),蒋风60年如一日,高度重视儿童文学史在儿童文学学科建设中的重要地位。蒋风认为,"儿童文学作为一门学科,其中的中国儿童文学更是一个不可或缺的重要组成部分"。因而,努力站在时代高度,编撰一部高质量的中国儿童文学史,完整记录中国儿童文学发生发展的历史进程,勾勒出中国儿童文学发展的整体概貌,并对中国儿童文学近百年的成败得失、经验教训、发展规律进行初步的探索和总结,以史为鉴,推进当代中国儿童文学发展繁荣,成为蒋风始终坚守的初心与使命。随着中国儿童文学不断发展的历史,随着蒋风对儿童文学史研究的不断深入,修订甚至重写中国儿童文学史便是一种学术常态,蒋风主编的不同时期出版的7部中国儿童文学史也成为蒋风在儿童文学史领域不断研究、不断创新、不断完善、不断取得成果的最好实践,而且,往往后一部儿童文学史就是为着避免并改进上一部或几部已经"出过的中国儿童文学史的缺点和不足"而产生的。

《中国儿童文学讲话》(1959)

早在20世纪50年代,蒋风到浙江师范学院开设儿童文学课,就主讲中国儿童文学,当时就萌发了编写一本《中国儿童文学史》的愿望。由于当时受到史料、时间、精力等限制,蒋风还没有做好学术准备，就在儿童文学课讲义的基础上写成《中国儿童文学讲话》，江苏文艺出版社1959年出版。这本小书出版后，得到好评，当年就被一些高校当作儿童文学课的儿童文学史教材。1959年第2期《儿童文学研究》发表鲁兵的书评文章，认为《中国儿童文学讲话》是中国儿童文学发展的"史略"，对"整理和编写我国儿童文学史"做出"一个良好的开端"。得到鼓励和鞭策的蒋风，加紧在《中国儿童文学讲话》的基础上，修订、补充写成了一部《中国现代儿童文学简史》，并经金近先生推荐，寄给了北京出版社，经责任编辑晏明先生认真审阅，提出不少宝贵意见，蒋风又花了半年多时间加以修改，可惜的是，"文化大革命"期间，原稿遗失，蒋风心有不甘，也无可奈何，这是时代的悲剧。

"文革"结束后，1979年，蒋风在浙江师范学院率先恢复儿童文学课，招收新时期第一位儿童文学硕士研究生，由于教学工作需要，蒋风重新燃起编写一部《中国儿童文学史》的心愿。考虑到时代在发展，收集、整理儿童文学史料，编写出版儿童文学史的工作必须作较大规模的规划，想花十年甚至更长的时间来完成一部《中国儿童文学史》，竭尽自己微薄的力量，为中国学术界填补一项空白。但考虑到自己的水平、时间、资料等因素，蒋风把整个《中国儿童文学史》的编写计划分为三部"断代史"，即《中国古代儿童文学史》《中国现代儿童文学史》《中国当代儿童文学史》来完成。蒋风当时资料比较齐全的是现代部分，就给儿童文学硕士研究生开设了《中国现代儿童文学史》课程，蒋风整理了一份3万多字的《中国现代儿童文学史讲授提纲》，既作为课程讲义，也向师生征求意见。在20世纪80年代初的一次儿童文学学术研讨会上,蒋风表达了编写出版一部中国儿童文学史的愿望,得到河北少年儿童出版社的赞赏,于是蒋风发动浙江师大儿童文学研究室全体工作人员和他招收的两届儿童文学硕士研究生一起,以《中国现代儿童文学史讲授提纲》为基础,编著出版了我国第一部儿童文学史——《中国现代儿童文学史》。

《中国现代儿童文学史》出版后,受到国内外儿童文学界的欢迎,认为这是中国有史以来第一本关于儿童文学发展历史的专著,被中国学术界认为是"改变了我国儿童文学无史的局面,标志着我国儿童文学研究的新发展"[1],"在儿童文学史的研究上,填补了一项空白"[2]。"此书不但对于儿童文学史,即便是对于中国现代文学史,也是块厚重的碑石"[3]。该书的出版也受到海外新加坡、马

《中国现代儿童文学史》(1987)

来西亚等国和我国港台地区同行的关注,有不少读者到出版社邮购。这给了编者和出版者极大的激励和鞭策,于是蒋风和出版者乘胜追击,仍然沿用《中国现代儿童文学史》师生合作的编写模式,于1991年推出《中国当代儿童文学史》,继续引起儿

---

[1] 罗钢. 儿童文学研究的新拓展[N]. 光明日报. 1987:08-04.
[2] 黄学君. 拓荒的收获[N]. 羊城晚报. 1988:04-15.
[3] 董宏猷. 一块厚重的碑石[N]. 书刊导报. 1988:03-17.

《中国当代儿童文学史》(1991)

文学界的关注和瞩目,被称为"一本填补学科领域空白的史学论著,它显示了筚路蓝缕的开拓精神"①,是"儿童文学史研究方面的又一新开拓"②,"在儿童文学理论建设上的又一座丰碑"③。

上述两部中国儿童文学史的出版,虽然得到同行们的好评,但这毕竟是项初创性的工作,缺少借鉴和经验,特别是多人合作,分工编写,在语言风格、评价标准、格式规范、材料使用,甚至包括学术观点等诸多方面,都存在无法避免也克服不了的"不统一"现象。而且中国儿童文学现代史、当代史的编写者,虽然都是蒋风主编,但其实是两套编写队伍在两个不同时期完成的,无论是史料还是观点,还有叙述方式和衔接上,都存在着这样那样的不足。就整个编写队伍组成看,本质上不是严格意义上的"儿童文学史科研团队",而是以儿童文学课程教学为基础的具有明显的教学讲义和课程教材的特点。从整个中国儿童文学史的构架上看,蒋风最初设计的《中国古代儿童文学史》

---

① 彭斯远.评《中国当代儿童文学史》[N].福建日报.1993:11-28.
② 李标晶.儿童文学的新开拓[N].文艺报.1992:08-22.
③ 董宏猷.又一座丰碑[C]//周更武主编.守望的情结:蒋风的儿童文学世界.香港:新天出版社.2005:281.

部分，虽然在1991年"当代史"出版同时，就已经启动编写工作，但因为编写者对中国古代是否有儿童文学这一史学观点认识不能统一，甚至观点完全相反，最终不了了之。蒋风为此深感遗憾。

在完成了中国儿童文学"现代史""当代史"的编写后，蒋风仍然希望能有一部打通古代、现代与当代的中国儿童文学通史。1993年，蒋风的研究生韩进毕业分配到安徽少年儿童出版社工作，蒋风提出希望安徽少年儿童出版社能出版一套完整的"儿童文学学科"教材，包括《中国儿童文学史》《世界儿童文学史》《儿童文学原理》《中国儿童文学作品选》《世界儿童文学作品选》5种。该策划方案被安徽教育出版社看中，计划先出版《中国文学史》《世界儿童文学史》《儿童文学原理》3部学术著作，再出版2部配套作品选。蒋风将编写《中国儿童文学史》的任务分配给他的学生韩进，自己独立承担《外国儿童文学史》和主编《儿童文学原理》。蒋风因为此后一次陪同台湾儿童文学界朋友游览金华两个岩洞时，意外摔倒，造成后脑勺破裂，做了两次大手术，加上视力衰退引起书写困难，未能完成《外国儿童文学史》的编写；《中国儿童文学史》"除《绪论》与《后记》外，

《中国儿童文学史》（1998）

全部是他（指韩进）个人的著作"①。蒋风也没有足够精力主编《儿童文学原理》，邀请韩进做执行主编；两部作品选也就此停了下来，取消了出版计划。这样，1998年，安徽教育出版社同时推出了2部儿童文学著作：蒋风、韩进著《中国儿童文学史》和蒋风主编、韩秋子（韩进）副主编的《儿童文学原理》。虽然这部《中国儿童文学史》是我国第一部个人编著的中国儿童文学通史，从近代晚清儿童文学活动写到20世纪90年代当代儿童文学，但从严格意义上的著作者来说，还不能算作完全意义上的由蒋风主持完成的一部中国儿童文学通史。

打通古代、现代、当代儿童文学发展的历史，还原儿童文学发生发展的自然流程和历史流程，始终是蒋风追求的文学史梦想。这样的机会终于来了。2007年，浙江师范大学儿童文化研究院策划一套"红楼书系"，包括蒋风主编的《中国儿童文学发展史》、吴其南著的《中国童话发展史》、方卫平著的《中国儿童文学理论发展史》、韦苇著的《外国儿童文学发展史》等4部"发展史"。蒋风想到将《中国现代儿童文学史》《中国当代儿童文学史》合二为一，再加上"五四"以前的古代部分，形成一部通史性质的《中国儿童文学发展史》。蒋风在该书《后记》里写道：

> 早想将两书合二为一，再添上"五四"以前的古代部分，下延至世纪末，修改成一部比较完整系统的《中国儿童文学发展史》。这次终于有这样的一个机会，但又遇到新的限制

---

① 蒋风、韩进. 中国儿童文学史：后记[M]. 合肥：安徽教育出版社. 1998:709.

和困难：一是时间的限制更紧；二是上述两书的编撰者多数为研究生，毕业后已分散在各地，且都有繁忙的本职工作，无法再聚集到一起来修订，只得以浙江师范大学在读的儿童文学研究生为主，成立修订组；三是字数限制在30万至50万字，而上述两书相加已有73万字，还得增补"五四"以前和1987-2000年间的内容，篇幅限制十分严格。因此，这次修订仍然只得因陋就简，先把它当作研究生的一份作业，在两部原著的基础上加以压缩，删繁就简，作为一份《中国儿童文学发展史》的初稿，更确切地说是一份编写提纲呈献给读者，希望在听取各方名家和广大读者的意见后，再作进一步的修订，成为一部比较完善的中国儿童文学发展史。我们愿为此继续作出不懈的努力。在本书修订过程中，因时间限制较严格，参加修订的在读研究生本身的课业较重，不可能在有限的时间承担太重的任务，我自己又因近年视力衰退，不允许阅读大量的史料，为此邀请我校第7届儿童文学硕士毕业生韩进教授参与修订工作。现任安徽大学兼职教授的他，在修订过程中，完成了第一编的增补，第二、三、四编的压缩，付出了较大的心血，特在此表示谢意。为了尊重大家的创造性劳动，本书扉页上并列3书编撰组的执笔者名单，借此以示本书虽仍显得粗疏，但确是融汇了数十人的心血，先后经历了20年的时间考验的一份成果，希望得到关心中国儿童文学事业的读者的关心和帮助，多多指出本书的优缺点和不足之处，为它的进步完善提出宝贵的修改意见。①

---

① 蒋风主编. 中国儿童文学发展史：后记[M]. 上海：少年儿童出版社. 2007:480.

完成后的《中国儿童文学发展史》的作者为：蒋风主编；修订执笔者有蒋风、韩进、齐童巍、王钰、孙尚前、潘白鸽、朱慧、胡彦吏、沈约。蒋风在《后记》里所说的"第二、三、四编"的修订者，可能记忆有误，应该再加上"第五、六、七编"，也就是《中国现代儿童文学史》与《中国当代儿童文学》两部著作的全部内容压缩，均由韩进完成初稿，也可能"第五、六、七编"其他修订者共同参与。这部《中国儿童文学发展史》共8编26章，8编标题为：

第一编　中国儿童文学的史前足迹
第二编　1917—1927年间的中国儿童文学
第三编　1927—1937年间的中国儿童文学
第四编　1937—1949年的中国儿童文学
第五编　1949—1959年间的中国儿童文学
第六编　1960—1965年间的中国儿童文学
第七编　1966—1976年间的中国儿童文学
第八编　1977—2000年间的中国儿童文学

由此可见，这部蒋风主编的《中国儿童文学发展史》虽然在时间跨度上，已经是一部"通史"，但第一编、第八编之外，均为过去20年前《中国现代儿童文学史》（1986）和16年前《中国当代儿童史》的"压缩版"，而不是重新编著的、一气呵成的中国儿童文学通史，在蒋风看来，虽然完成一部"通史"的整合，在完整性、学术性上仍然留有遗憾。

2011年，蒋风荣获第13届国际格林奖。国际格林奖是与安徒生奖齐名的国际儿童文学大奖，前者奖励对儿童文学理论做出突出贡献的学者，后者奖励在儿童文学创作上取得突出成就的作家。蒋风

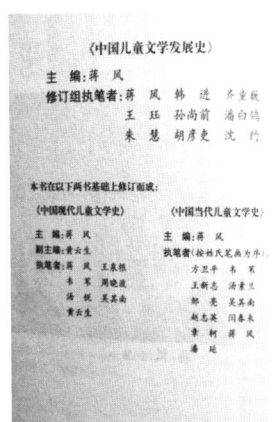

《中国儿童文学发展史》（2007）

是中国第一位，也是唯一一位获得国际格林奖的中国儿童文学理论家，得到国内外同行和社会媒体的高度关注，特别是蒋风将获得国际格林奖的全部奖金捐献出来，在浙江师范大学给予配套政策支持下，于2014年设立"蒋风儿童文学理论贡献奖"，第一位获得殊荣的是上海儿童文学学者刘绪源。一向重视儿童文学理论建设、具有儿童文学史出版传统、眼光敏锐的华东师范大学出版社，发现并抓住了出版机遇，邀请蒋风、刘绪源策划并主编一套"国际格林奖儿童文学理论书系"，将获得国际格林奖的世界最具影响力的儿童文学理论家的代表著作翻译出版，为中国儿童文学理论研究和学科建设提供参考，包括法国让·佩罗的《游戏·儿童·书》、瑞典约特·克林贝耶的《奇异的儿童文学世界》、俄罗斯玛丽亚·尼古拉杰娃的《绘本的力量》、英国雷诺兹的《儿童文学研究必备手册》、彼得·亨特的《批评、理论与儿童文学》和蒋风主编的《中国儿童文学史》。收入"国际格林奖儿童文学理论书系"、2018年出版的这部《中国儿童文学史》，即2007年

少年儿童出版社出版的《中国儿童文学发展史》，由主编之一的刘绪源为该"书系"写了总序，指出"设立格林奖也好，出版格林奖书系也好，其真正的意义，就在推进交流和切磋，让学术在交流中前进"①。

《中国儿童文学史》（2018）

蒋风认为，"学科要完整，发展史不可或缺"。但"学科在发展，发展史也要与时俱进"。也是在2011年，蒋风获得第13届国际格林奖的消息传开来之后，在华东师范大学出版社将蒋风主编的《中国儿童文学史》纳入"国际格林奖儿童文学理论书序"同时，复旦大学出版社又约请蒋风"再编撰一本《中国儿童文学史》"，这激起蒋风"重新执笔再写本《中国儿童文学史》的念头。蒋风差不多花了近一年时间，重新收集资料，起草提纲，考虑历史分期的合理性问题等，已经来不及在约定的出版时间内完成全书写作，蒋风再一次决定组织集体力量，按照他拟定的提纲来编写，自己"用一年时间统稿两遍，一共花了5年多的时间，才最后完成这部大书"②。可以说，复旦版《中国儿童文学史》达成了蒋风的夙愿，是一部完整体现蒋风儿童文学史观、

---

① 刘绪源.总序[M]//蒋风主编.中国儿童文学史.上海：华东师范大学出版社.2018:3.
② 蒋风.中国儿童文学史：序[M].上海：复旦大学出版社.2019:1.

站在时代高度记录百年中国儿童文学发展史全貌,以及探索总结百年中国儿童文学成败得失、经验教训、发展规律的"完美之作",也是蒋风60年研究中国儿童文学史全部心血、心得、心愿的结晶。

在这部复旦版《中国儿童文学史》的序里,蒋风第一次完整表达了自己的儿童文学史观:

> 儿童文学作为一门学科,其中的中国儿童文学更是一个不可或缺的重要组成部分。我的儿童文学史观是建立在我的儿童文学观基础之上并受之引领的,我认为:
>
> 一、历史是事物发展的总结,应探讨事物发展过程中种种现象和事实,总结经验教训,分析成败得失,找出规律。
>
> 二、历史记载的都应该是发生过的事实。
>
> 三、历史的职责应该是确切真实,不应该感情用事,不背离真实。德国诗人歌德在他的《格言和感想集》中说:"历史家的任务在于区别真实的和虚假的、确定的和不确定的,以及可疑的和不可接受的。"因此我认为,历史家应该讲事实,这是我坚守的信条。
>
> 四、儿童文学史的任务,就是在儿童文学从无到有、从有到丰富多彩这个发展过程中发现的规律。
>
> 五、苏联政治家加里宁在《在教师会议上的演讲》中说:"要提高文化,就必须研究文化史。"我认为要提高儿童文学水平,就应该好好地研究儿童文学史。[1]

---

[1] 蒋风.中国儿童文学史:序[M].上海:复旦大学出版社.2019:1.1-2.

2021年6月26日,由浙江师范大学主办,浙江师范大学人文学院、浙江师范大学儿童文学研究中心承办的蒋风新著复旦版《中国儿童文学史》(2019)学术研讨会在浙江师范大学图文信息中心7楼报告厅举行。浙江师大副校长潘慧炬、复旦大学出版社副总编辑兼学前教育分社社长张永彬、浙江省社科联科普处处长王三炼、浙江师大学术委员会专职副主任高玉,以及来自全国各大高校的韦苇、吴其南、周晓波、汤素兰、崔昕平、李红叶、马筑生、吴翔宇、胡丽娜、杨宁30余位儿童文学专家、学者出席了会议。会议由人文学院院长葛永海主持。与会代表高度肯定蒋风教授对中国儿童文学发展做出的贡献,赞赏蒋风教授坚持每隔10年对中国儿童文学的发展进行一次梳理的与时俱进的学术精神。

蒋风(主席台右四)在新编《中国儿童文学史》学术研讨会上致辞

与会代表围绕文学史写作的两个方面,对《中国儿童文学史》展开学术研讨:一是注重对《中国儿童文学史》的编撰方法、观念、史料的评价与梳理的研究,进一步探讨中国文学史写作的方法论;二是从本书的编写出发,延展至整个儿童文学史书写的问题,强调儿童文学"具有独立成史的条件——具有鲜明的研究对象、清晰的发展历程及专业的创研团队"。从上述两个方面看,"新编《中国儿童文学史》是真正意义上的中国儿童文学史重写、重构的成功尝试",具有鲜明特色和多重启示。

新编《中国儿童文学史》从中国文化史的视角,回答了儿童文学"我是谁""我从哪里来",又"往何处去"的重大学术问题,紧紧扣住"中国、儿童、文学"三要素对中国儿童文学概念进行了界定,紧紧围绕"主体、当代、世界"三个关键词,彰显儿童文学自身的主体性、时代性、世界性、民族性,在经历20世纪50年代以来中国儿童文学史编写的60年经验之后,越来越切近文学史的本源与本质。新编《中国儿童文学史》系统地整理了"史前、现代、当代、新世纪"四个时期的中国儿童文学史,为今后的文学史研究编写提供了借鉴,同时反映出中国儿童文学史的重写将走向常态化和多样化,并展现了一种新的文学史观。

新编《中国儿童文学史》加强了对文学史书写的审美标准以及对作家作品的美学分析;表现出由传统的民族史观向多民族的多元文学史观的转变;保留了合作编写者的学术个性,在求同与存异的辩证统一中尝试了儿童文学史书写方法的创新;对标中国现当代文学史的书写,突出用大量一手资料作为支撑,为编选出版与本书匹配的儿童文学作品选提供了空间;通过儿童文学史分期的重构带来现有文学史料价值的新发现,历史的视野成为儿童文学研究的新视点,推动中国儿童文学史研究良性发展,提升了儿童文学学科的社会科学价值与影响力;重视中国儿童文学的民族性特征,展现了中国儿童文学是多民族的、多地域的、与世界儿童文学融合的多元并存、互补共进的开放理念;科学把握政治与文学的辩证关系，让儿童文学发展主体置身不同的历史维度之间，在时代与文学的互动共进中描述中国儿童文学史的发展轨迹，具有儿童文学学科建设的里程碑意义。

新编《中国儿童文学史》具有跨学科特征，采用社会学、心理学、语言学等新的视角对文学史进行重构会有新发现，在多侧面展现中国儿童文学发展独特形象的"合奏"中再现历史本来的面貌；本书体现的中国儿童文学开放性与民族性合辙的观点，为探讨东亚、亚洲乃至世界视域下的中国儿童文学史书写的可能，在国际化视野中，讲述"中国儿童文学的发展故事"；新编《中国儿童文学史》在关注中国儿童文学史的文学形式、思想性、形象性等内部研究的同时，也关注到了中国儿童文学的社会传播、跨学科研究、东亚文学的发展环境等外部研究，对未来儿童文学史研究与写作提供了多方面的启发和借鉴。

蒋风在致辞中回顾自己从13岁当"小老师"开始就爱上了儿童文学的缘分，以及在70年儿童文学这条"光荣的荆棘路上"风雨无阻的历程，讲述自己"一生只做儿童文学一件事情"的坚守、使命与意义，认为"人在平凡中要活得有意义，怎么才有意义呢？就是要有梦想，有梦想就有追求，有追求就会出现奇迹。"蒋风强调指出，文学史的发展对于学科建设的重要性，只有不断完善儿童文学发展史，儿童文学学科才能健康长远地发展下去，并融入中国文学的潮流之中。蒋风承诺将吸纳各位专家学者的改进意见，再对本书做一遍全面的梳理，在再版时修订完善。蒋风表示，自己虽然已经97岁高龄，但他将自己视作"90后"的追梦人，"想要在有生之年，再做几件与儿童文学相关的工作，让梦想开出人生绚烂之花"。

三、央视特别节目《立德树人》

2019年1月18日下午，浙江师范大学人文学院部分师生在4楼会议室，观看了中央电视台科教频道"人物"栏目播出的《立德树人 蒋风》专题纪录片，学院党委书记李翔翔出席，党委副书记莫世亮主持活动。蒋风讲述的他与儿童文学的精彩故事，感动了大家，引发热烈讨论。

师生观看现场

2018年5月，蒋风获得中共中央宣传部评选的"首批哲学社会科学界德业双馨专家学者"。中央广播电视总台按照中宣部来函要求，展开宣传，在中文科教频道《人物》栏目推出特别节目《立德树人》，分8集宣传蒋风等16位学者。

2018年9月25日至30日，央视科教频道《人物》栏目组来金华蒋风家中拍摄。通过采访蒋风、蒋风夫人卢德芳，以及蒋风的同事韦苇、周晓波，学生胡丽娜、常立等，讲述了蒋风教授在儿童文学研究领域的突出成绩、对学科建设与发展的卓越贡献、潜心治学的学者风范和热心公益的仁爱之心。现将纪录片转录为

央视科教频道《人物》栏目视频截图

文字,作为珍贵的资料保存。

解说:他的一生都在为孩子们工作,著书立说,免费办学;耄耋之年,仍保童心;立德树人——蒋风。

蒋风,浙江师范大学原校长、教授,国际儿童文学格林奖评委。他学识渊博,著作等身,是中国儿童文学理论研究领域的开创者、奠基人。蒋风在儿童文学理论、创作、教学上创造了多个第一,他在全国高校第一个建立儿童文学研究机构,在全国高校中第一个招收儿童文学硕士研究生,创办了中国第一个国际儿童文学馆。蒋风不遗余力地推动儿童文学的中外交流,他是中国儿童文学理论"走出去"的第一人,从他的一生中可以窥见大半部中国儿童文学史。

2011年12月第13届国际格林奖揭晓,这是世界上儿童文学理论研究与推广最权威的奖项,蒋风近两届连续获该奖提名后,问鼎国际格林奖,成为首位获此殊荣的中国人。

蒋风说,孩子是人类的未来,儿童文学是他们人生最早的教科书,因此儿童文学是人类最有希望的事业,我愿为它贡献毕生的心血。

浙江师范大学人文学院周晓波教授:大家也觉得儿童文学是小儿科,但是他不这样认为,他觉得儿童文学事业也是一个神圣的事业,也是非常值得去做的。而且中国儿童文学还很薄弱,需要不断地去努力去发展它。他的这种热爱可以说是骨子里的。

解说:人们用满眼寂寞、一片荒芜,来形容20世纪50年代的中国儿童文学界。1956年,30岁出头的蒋风被调到杭州师范专科学校教授儿童文学课,成为中国第一批从事儿童文学教研的拓荒者。没有现成的教材,蒋风就搜罗古今中外有关资料,自己编写讲义。3年后,他把授课的讲稿汇编成《中国儿童文学讲话》一书,于1959年出版,马上被华南师范学院等高校列为儿童文学参考书目。这本书后来被学术界认为是"中国儿童文学史的雏形"。

1982年,蒋风的专著——新中国第一本《儿童文学概论》出版。在书中,他应用唯物史观,对古今中外的儿童文学理论做了一番纵深的历史考察和剖析,条理清晰地回答了"为什么要有儿童文学""什么是儿童文学"等这样一些儿童文学研究的根本问题,初步构建了三位一体的中国特色儿童文学理论构架——文学性是躯体,儿童性是灵魂,方向性是生命。这是那个时代对儿童文学这个门类作出的科学、辩证、全面的理论阐释,具有与时俱进的开放性。这是蒋风对中国儿童文学的最大贡献之一。

蒋风鞭策自己,像陀螺一样忙碌工作,一本又一本理论著作相继出版。一部分是总结史学规律的儿童文学史类,另外一部分就是儿童文学教材,用以培养人才。1978年,蒋风着手建设儿童文学理论研究的教研团队,经有人推荐,蒋风结识了远在西南边陲教中学的韦苇,蒋风看中了他的外语专业背景以及文学功底,认定他可以在外国儿童文学引进与研究领域独当一面。

浙江师范大学人文学院韦苇教授:当时蒋先生地位还是很低的,他是个普通教员,但他拥有一种远大的眼光,当时没有蒋先生的努力,不是他一级一级在跑的话,我也不能来到这个地方,也可能一生就没有我发挥文学潜力的这样一个机会。

解说：韦苇果然不负重托，出版了《世界儿童文学史》、20卷的《世界经典童话选集》等著作，成为业内公认的世界儿童文学史研究专家和中坚力量。

蒋风书房里整齐地摆放着上万本珍贵的中国儿童文学书籍，其中很多已经是孤本，他们记录了中国儿童文学的发展轨迹和历史。

蒋风一生清贫，唯独对买书毫不吝惜。然而近10年来，他却在不断地将这些宝贝赠送出去。私人藏书公益化是蒋风坚持推广的阅读理念，他将花尽毕生心血节衣缩食收藏的珍贵图书8000多册，捐赠给中国首个国际儿童文学图书馆，另一部分则捐赠给金华多个公益小书房，让更多的孩子读到好书，享受阅读的乐趣。

任教50余年，蒋风桃李盈门，培养了一批又一批儿童文学理论研究领域的专业人才，吴其南、王泉根、方卫平、周晓波等一大批学术带头人和专家教授都是他带出的学生。

蒋风：我是总觉得一个教师，培养的对象应该是青出于蓝胜于蓝。能够做到青出于蓝胜于蓝，社会才能进步。我是一直那么想，所以我不怕人家（自己的学生）比我高，因为人家比我高了，说明社会进步了，老是跟在我屁股后面有什么意思呢？我从内心觉得我培养的人，假使能够超过我，我是最高兴的事情。

解说：1994年，年近70岁的蒋风离休，真的要就此离开热爱的儿童文学事业，回家尽享天伦之乐吗？蒋风心有不甘。他拿出自己的积蓄,创办了中国儿童文学研究中心,与此同时,他面向全球免费招收华人"非学历儿童文学研究生",不受条条框框限制,不论国籍、年龄和职业,只要热爱儿童文学都可以来学。

蒋风: 招过600多个学生,大概发了60多张结业证。我是采取什么原则呢?宽进严出。你要进来我都欢迎,你要结业拿到结业证书,至少要达到最低的研究生水平。

蒋风夫人卢德芳: 离休以后,他完全是继续工作的状态,一模一样的,每天早起,起床以后吃了早饭,他就在书房里面工作了,他基本上不起来休息的,我们搬过来那个老房子,住的地方,好像都坐出了两个脚印,非常非常的明显;这个椅子的痕迹,因为坐的时间很长很长,椅子的痕迹也凹进去了。

解说: 2016年,蒋风申请的国家社会科学基金年度重点科研项目获批,这意味着在接下来的3年中,他要完成一部鸿篇巨著——300万字的《世界儿童文学事典》修订本。

早在1992年,蒋风就编写过一本《世界儿童文学事典》,然而时隔20多年,很多内容都需要补充和完善,于是他一直找机会修订再版。

蒋风: 你假如有功利心的话,也不会去做,为什么呢?因为编事典,需要时间,需要经验,牵涉到很多问题。我不做的话就没人做了。

浙江师范大学人文学院副研究员胡丽娜: 蒋先生对于儿童文学来说,他就是一个很好的"点灯人",几十年如一日,热忱地、默默地把儿童文学、他的爱和关怀,播撒给社会,播撒给孩子。

浙江师范大学人文学院副教授常立：我觉得蒋风老师，可能就是我们中国儿童文学这个领域里，这样的一位"植树"的人、一位"种树"的人。真的是在一片"荒漠"上，似乎那个时候，你要说能看到什么美好的前景，恐怕都是虚妄的。但是，蒋风老师因为有自己这样的一个经历和自己这样一个决心，我觉得他真的是一个"种树"的人，就在这样的一片荒漠上，现在也种出了一片"绿洲"来，让我们后来的人得到滋养。

解说：蒋风说："立身处世近一个世纪，面对大千世界，芸芸众生，我从不羡慕他人的荣华富贵，也不为自己的一生清寒而失意感叹。我专注地向往自己的一方蓝天，为孩子们工作，为明天更美好而工作，这就是我应该走的路，这就是我的事业。"

蒋风在儿童文学理论研究的这条光荣的荆棘路上，上下求索。优秀儿童文学作品会让人终身受益，因而这种文学创作应当具有高度自觉的社会责任感、精神价值与美学使命，帮助少年儿童培育和践行社会主义核心价值观。

蒋风教授的人格魅力和治学精神打动了观看的师生，他们纷纷表示要学习蒋风老师"坚守学术、忠于本心、热爱事业、甘于奉献"的精神品质，将其"一生就做一件事，并做好一件事"的信念作为自己前进的航标，把蒋风老师开创的浙江师大儿童文学特色品牌维护好、继承好、发展好，特别将以蒋风老师立德垂范、业精善学、敬业爱生、无私奉献的精神来激励锤炼广大师生的师德师魂，为培养更多身正为范的儿童文学新人和学校"双一流"建设做出积极贡献。

一年后，2019年7月15日，央视科教频道《人物·故事》播出根据《立德树人蒋风》专题纪录片改编压缩的《永葆一颗童心：蒋风》专题人物故事，主持人石琼璘在片前导语中说道："蒋风是浙江师范大学教授，同时也是中国儿童文学领域的拓荒者、先行者之一，曾获'陈伯吹国际儿童文学奖''冰心儿童图书奖'。在中国儿童文学从蹒跚起步到快速发展，再到走向世界的过程中，蒋风做出了重要的贡献，而且在儿童文学创作和研究领域培养出了一大批中坚力量。2006年，蒋风被授予'世界儿童文学理论贡献奖'，颁奖词中这样写道：'蒋风把中国儿童文学理论提升到了世界级的水平'。"

央视科教频道《人物·故事》栏目截屏

2021年5月16日，《光明日报》在建党百年重大活动"知识分子党员风采"专栏，介绍了知识分子的楷模——蒋风：

> 蒋风，男，汉族，中共党员，1925年生，浙江师范大学原校长、教授。国际格林奖获得者兼评委，亚洲儿童文学学会共同会长。他是中国儿童文学的拓荒者，开辟了儿童文学史上诸多"第一"：创建了中国第一个儿童文学研究所，招收了中国第一个儿童文学硕士研究生，创办了中国第一个国际儿童文学馆，撰写了新中国第一部《儿童文学概论》、第

一部《儿童文学史》,主编了"五四"以来第一部容量最大、最系统的《中国儿童文学大系·理论卷》。他是我国首个国际格林奖获得者,也是该奖项9位国际评委中唯一的华人评委。

他离休后创建了中国儿童文学研究中心,免费招收、培养了600多位非学历儿童文学研究生。耄耋之年,他仍笔耕不辍,完成《世界儿童文学事典》修订版。他出资设立"蒋风儿童文学馆""儿童文学理论奖",推动中国儿童文学事业的发展。

四、设立"蒋风儿童文学馆""儿童文学理论奖"

央视主持人在《永葆一颗童心:蒋风》专题纪录中所说的设立"蒋风儿童文学馆""儿童文学理论奖"两件事,分别发生在2017年和2019年。

2017年10月28日,蒋风应邀出席2017年金华市青少年社团文化节暨蒋风儿童文学馆揭幕仪式。

为什么要设立"蒋风儿童文学馆"?蒋风说:"我年纪大了,一生所有的积蓄就是书。这么多的书放在这儿,现在我没有时间和精力去看。所以,我想把书盘活,如果能让我的书拿出来放到社会上,让更多的人去看,发挥更大的作用,就是我晚年最好的安慰。"①

---

① 李俏红. 蒋风儿童文学馆与你有约[N]. 金华日报(副刊文化版). 2018: 03—27.

蒋风从 1994 年年底离休以后，就开始筹划这件事，想把"私人藏书公益化"。一开始，蒋风将自己的藏书一部分放到金华职业学院，但金华职业学院不对社会开放，利用率很低，发挥的作用不是特别大。2017 年，少先队金华市工作委员会和浙江师范大学非洲研究院等单位联合在青少年宫举办青少年社团文化节，在青少年宫专门给了一间房让蒋风放书，大家将其称为"蒋风儿童文学馆"。设在青少年宫的"蒋风儿童文学馆"在青少年阅读中发挥了很好的效果，小学生来来往往，看书的人也多，蒋风感到非常欣慰，认为这种与儿童阅读活动"配套"的"蒋风儿童文学馆"最能体现他私人藏书公益化的主张，于是蒋风推广"蒋风儿童文学馆"的模式，将自己还有的部分藏书再办几个"流通站"——蒋风儿童文学馆，又有两个文化站表示可以设立蒋风儿童文学馆，首站设在金华市三江街道综合文化站。

2018 年 2 月 11 日，93 岁高龄的蒋风亲自来到三江站为"蒋风儿童文学馆"揭牌，同时主办主题为《漫步在儿童诗的春天里》公益文学讲座活动，蒋风邀请《语文报》《拼音报》专栏作者张玲芳老师主讲。"太阳发烧了,脸红红的……""嫩芽是大树的翅膀，大树想飞……"一首首儿童诗，像一棵棵种子，落在孩子的心头，在春雨的滋润下，开出一朵朵灿烂的诗花。张

"蒋风儿童文学馆"揭牌仪式，蒋风（右三）出席

玲芳老师激动地说："我很荣幸，以诗歌的方式开启'蒋风儿童文学馆'这项美好的活动。这也是蒋风老师一直的希冀，推广儿童诗，让更多孩子喜欢诗歌。"会场里最小的孩子5岁，最大的也只有12岁。虽然年龄小，但都听得那么专心，还频频举手发言。一个多小时的时间，那些诗意的语言，点亮了孩子们的眼睛，家长们也觉得受益匪浅。

当天下午，又有一群小朋友拿着剪刀，在蒋风儿童文学馆里认真地学习剪纸。蒋风对金华民间剪纸这项非物质文化遗产非常喜欢，不仅一生坚持收集民间剪纸作品，在20世纪50年代出版了《金华民间剪纸》（1952）和《浙东戏曲窗花》（1954），2013年还出版了《浙江民间剪纸艺术》，而且特别重视在青少年中传承推广，这堂剪纸课就是蒋风邀请金华剪纸博物馆馆长詹东明现场给孩子们讲授并示范，让孩子们从小就接触到中国古老的、金华特色的民间剪纸艺术——镂空艺术。一张纸在剪刀下魔术般地千变万化，独特的艺术造型和栩栩如生的艺术形象，让孩子们充满好奇，大开眼界。

除了儿童诗阅读和非遗传习，蒋风儿童文学馆接下来还有"作文写作""文学经典阅读""儿童文学作家班"等不同类型的课程，活动已经安排到了下半年。这是蒋风精心设计的，也是蒋风几十年来推广儿童阅读经验的运用。蒋风说："去年（2016）我拿下了一个社科国家重点课题（《世界儿童文学事典》修订本），学校配套给了8万元奖励。我把这个奖金全部用来买书，分送到4个儿童阅读点，其中三江文化站就花了2万元，买了一些新书送到馆里。但我想仅有书还不行，还得主办一些活动，把孩子们组织起来，于是又牵头搞一些儿童文学公益活动。我觉得这样可以让更多的人爱上阅读和喜欢儿童文学。"

蒋风儿童文学馆三江站现收藏蒋风的儿童文学图书600余册,同时蒋风还自己出钱为孩子们订了一批《儿童文学》《少年文艺》等儿童杂志。蒋风儿童文学馆由三江街道综合文化站运营管理,在蒋风指导下陆续开展各类公益儿童读书活动,在让更多孩子阅读到好书的同时,还努力承载起儿童文学爱好者学习、研究、交流的地方,蒋风以此为试点,努力在金华打造成一个专业的"儿童文学学院",丰富金华少年的精神世界,推进儿童文学阅读进社区进校园,让更多的孩子读到好书,让更多的人了解儿童文学。

五、增设"蒋风儿童文学奖"

继2018年设立"蒋风儿童文学馆",2019年初,蒋风又在2014年设立的"蒋风儿童文学理论贡献奖"的基础上,出台了新版"蒋风儿童文学奖"。2019年5月31日,蒋风在主编的《儿童文学信息》报上发布重磅消息——"新版蒋风儿童文学奖修订后正式启动 新增'青年作家奖'奖金10万",文中写道:"近日由浙江师大和武义县人民政府主办、中国儿童文学研究会支持共同设立的'蒋风儿童文学奖'日前正式宣布启动。该奖分'青年作家奖'和'理论贡献奖'两项,各两年评一次,两奖项交替进行"。详情如下——

蒋风儿童文学奖

为进一步推动中国原创儿童文学及理论研究的发展,奖励在中国儿童文学创作及理论研究方面取得杰出成绩的青年作家与理论研究者,特制定本方案。

一、奖项设置背景及意义

蒋风先生曾任浙江师范大学校长,是中国儿童文学学科的创始者之一,是目前中国唯一一位国际格林奖获得者。数十年致力于中国儿童文学事业的发展,在儿童文学领域享有崇高的声望和影响力,被中宣部评选为"德业双馨"的哲学社会科学专家学者。2019年1月18日,央视中文科技频道《人物》特别节目《立德树人》曾播出蒋风教授潜心治学、服务社会的相关事迹,在社会上引起了极大的反响。设立"蒋风儿童文学奖"是为了表彰我国在儿童文学创作与理论研究领域取得巨大成绩的作家和学者,鼓励广大儿童文学工作者为推动中国儿童文学发展、繁荣哲学社会科学作出新的、更大的贡献。

二、评奖方案

1. 奖项设置

"蒋风儿童文学奖"分为"青年作家奖"和"理论贡献奖"。各两年一届,每届各1人。错开评奖,奇数年评审"青年作家奖",偶数年评审"理论贡献奖"。

2. 评选对象

青年作家奖 从事儿童文学创作的中国作家,年龄在50周岁以下。

理论贡献奖 从事儿童文学理论研究的中国学者,年龄不限。

3. 奖金

青年作家奖奖金为10万元;理论贡献奖奖金3万元。奖金由浙江师范大学和武义县人民政府共同承担。

4. 评选方法

青年作家奖 在专家库随机抽取15位评委,在作家自荐和社团提名的基础上,每位专家推荐1位候选人,将名单发至评奖委员会专用电子邮箱。根据专家推荐,选出得票最多的前5位为获奖候选人。候选人须向"蒋风儿童文学青年作家奖"办公室提交3篇(部)新世纪(2000年)以来的代表作,每篇(部)寄送样书15册(份)供评委评审。经评审会议确定"蒋风儿童文学青年作家奖"最终得主。

理论贡献奖 在专家库随机抽取15位评委,每位专家推荐1位候选人,将名单发至评奖委员会专用电子邮箱。根据专家推荐,选出得票最多的前3位为获奖候选人。候选人须向评选委员会提供3部(篇)新世纪(2000年)以来的代表性论著和个人科研成果清单。评选委员会组织专家会议评审确定"蒋风儿童文学理论贡献奖"的最终得主。

5. 授奖仪式

青年作家奖 将在武义县举行颁奖仪式,授予证书和奖金,评审委员会授予颁奖词,聘其为武义县荣誉市民,中国(武义)童话节形象大使。并召开获奖者的儿童文学创作研讨会,邀请该领域的著名学者、评论家、作家与会。

理论贡献奖 将在浙江师范大学举行仪式,授予证书和奖金,聘其为浙江师范大学儿童文学研究中心兼职教授。并围绕获奖者的理论研究,召开相关的儿童文学理论研讨会,邀请该领域著名学者与会。

6. 评奖机构

设立"蒋风儿童文学奖"评奖委员会,下设办公室,具体负责评奖组织协调等事宜。

奖励作家作品与评论家著作的时间都是2000年以来,可见"蒋风儿童文学奖"设立并完善的指导思想是奖励扶持精品力作和培养儿童文学新人。新增"青年作家奖"的奖金10万元大大高于"理论贡献奖"的3万元,也可以看出"蒋风儿童文学奖"子项的设计是有思考和用意的,重点是扶持特别需要扶持的青年作家,理论贡献奖兼有荣誉称号,但两项奖均有"终身成就奖"的意思,即获奖者只能获得一次而不重复获奖,这也扩大了该项的覆盖面,惠及更多儿童文学作家理论家,既是雪中送炭,也是锦上添花。至2022年春,"蒋风儿童文学理论贡献奖"即延续2014年设立的"蒋风儿童文学理论贡献奖",已经评选五届,获奖者分别为:刘绪源(第1届,2014年)、朱自强(第2届,2016年)、韦苇(第3届,2018)、王泉根(第4届,2020)、杜传坤(第5届,2022)。"蒋风青年儿童文学作家奖"也已评选两届,获奖者分别为蒙古族儿童文学作家格日勒其木格·黑鹤(2019)、江苏女作家韩青辰(2021)。

六、开讲"蒋风爷爷教你学写诗"

蒋风离休以后,就想着在自己的有生之年,再为社会奉献余热。他做的第一件事是创建了全国第一个民间性质的中国儿童文学研究中心,招收非学历儿童文学研究生,继续为儿童文学事业培养研究型人才。第二件事是创办了一份报纸《儿童文学信息》,既作为中国儿童文学研究中心的"机关报",及时报道儿童文学界的消息动态,又作为中心招收非学历儿童文学研究生的学习交流阵地,同时还是全国师范院校儿童文学研究会的会报。第三件是致力于推广儿童阅读,有两大举措:一是倡导私人藏书公益化并积极投身公益小书房建设,让越来越多的少年儿童爱上阅读,在这方面有了"蒋风儿童文学馆""蒋风文学院""蒋风文学社"等儿童阅读组织;二是解决少年儿童阅读读什么、怎么读的问题,蒋风积极推广儿童诗教学,举办"蒋风爷爷教你学写诗"系列讲座或者叫"蒋风爷爷教你写诗"写作营,等等。2009年,蒋风把多年推广儿童诗的系列讲课稿整理成《蒋风爷爷教你学写诗》一书,由重庆出版社出版,受到小读者和老师的广泛欢迎,2018年再次修订完善,由浙江工商大学出版社出版。2020年,蒋风又在学生杨宁的协

2000年1月5日至7日,蒋风(右)与香港小作者谈诗

助下,将 1977 年由四川人民出版社出版的《儿歌浅谈》修订完善,更名为《儿歌论——中国儿歌理论研究》著作出版。两部儿童诗专论不仅记录了蒋风始终重视儿童诗在儿童成长中的重要作用,也是蒋风一生创作、教学、研究儿童诗的重要成果,同时还是我国儿童文学理论研究中少有的儿童诗研究专论,对儿童诗这一儿童文学典型体裁的理论建设、创作实践与阅读推广,有重要的现实意义和深远影响。

蒋风指导下的各地以班级为单位办起来的儿童诗报刊

蒋风始终认为,诗对于一个人的成长有着重要的作用。他自己就是小时候在母亲的诗歌声里熏陶出一颗美的心灵。他说,孩子们从小接触诗、认识诗、爱好诗,从而使他们在诗的熏陶下健康成长。"蒋风爷爷教你学写诗"写作营活动从金华起步,先后在金华少儿图书馆、金华师范附小、环城小学、新世纪学校、江滨小学等学校推广,继而扩大到省内、全国,还有香港,再到东南亚华人学校,播撒诗歌种子。为了扩大影响,蒋风先后到全国20多所小学指导小学教师开展诗歌教学,在全国招募 100 名小学语文老师进行儿童诗推广实验,倡导办小诗报,成立小诗社,义务担任写作顾问。还在《少年大世界》《作文周刊》《红蜻蜓》《课外生活》《小学生之友》等儿童报刊开辟《蒋风爷爷教你学写诗》《儿童诗点评》等专栏连载。推广儿童诗写作、教学与欣赏，成为蒋风离休生活最重要的内容之一。

从下面与儿童诗有关的活动"日志"中，可以看出蒋风的"童心诗心"。

1995年6月1日，蒋风自费创办的《儿童文学信息》报"创刊号"出版至今，第四版作品版主要刊登儿童诗歌。

1998年4月22日，蒋风给鲁兵诗社小诗友题词："诗是一支魔笛，能带领我们走进童话般真善美的王国。"

2000年6月，蒋风获台湾小白屋诗社第6届幼儿诗荣誉奖。8月8日，他为公德小学《岩河诗报》小诗人题词："诗的花朵只有付出劳动才会绽放。"8月12日，蒋风为千岛湖镇第一小学的小诗人题词："真正的诗是心底唱出的歌，写诗就应该通过自己的心写，才能感动别人。"同日，为江滨小学的小诗人题词共勉："诗是表现感情的，没有感情就不是真正的诗。"同日，又为"青青草"诗社小诗人题词共勉："诗不可缺少情感，没有情感的诗，即使语言再华丽，也是苍白的。"

2002年1月，金华电视台播出"蒋风爷爷教你学写诗"。9月，蒋风被香港儿童文艺协会聘任为该会主办的儿童诗歌创作比赛评审顾问。

2004年7月，蒋风应邀出席在东阳横店由《儿童诗》等刊物举办的"全国小诗人夏令营"，为获奖小诗人颁奖。18日，为"浪花诗社"小诗人题词："生活本身就是一阕旋律优美的交响曲，儿童诗便是其中一个最悦耳、最动听的音符。"8月22日，蒋风为"童心诗社"小诗人题词："人的想象力是

2004年7月，蒋风（后排右）为"全国小诗人夏令营"活动获奖小诗人颁奖

没止境的，儿童的想象更是无边无际，没有想象力便没有诗。让孩子们的丰富想象力发挥出来，便是一首首优美的诗。孩子是天生的诗人，只要稍加引导，便能写出童心盎然的小诗来。"12月12日，蒋风为"花蕾诗社"小诗人题词："没有美，便没有诗。但诗仅仅具有美是不够的，还必须有一种魔力，能按作者的愿望去撼动读者的心灵。"

2005年1月1日，为《小荷》诗刊小诗人题词："小荷才露尖尖角，是最美好的时刻，多么值得珍惜，这样美好的时刻在人的一生中，只能持续一个短暂的时间，很快就会消逝，一去不复返。所以，小荷的美丽，只属于那些永远力争上游的孩子。"1月2日，蒋风为天津《金摇篮儿童诗报》创刊题词："诗是一种美化世界的艺术，她能使万物化成美丽，本来就如诗一样美的孩子，在诗的熏陶下，定会变得更美更聪明。"

2006年2月8日，蒋风为《念儿歌学画画》出版题词祝贺："好的儿歌本来就是一幅美的画。它不仅能激发孩子的求知欲，还能引发孩子拿起画笔来涂几笔的兴趣和欲望。这就不知不觉中受到的熏陶和感化,让他们在潜移默化中健康成长。当你翻开这本小书时,也许你只想收获一缕和煦的春风,可它却已给了你整个繁花似锦的春天了。"六一儿童节前,蒋风在金华市少年宫给孩子们讲诗。6月14日,他为中山市三鑫双语学校新诗教学班的小朋友题词:"真正的诗永远是心灵的诗,永远是灵魂的歌。其实,她也永远是教育的旅伴。引导孩子们爱诗、读诗、写诗,能把孩子的心灵点亮,走向一个美好的未来。"7月,蒋风应邀出席在苏州举办的"全国小诗人夏令营",为东阳巍山镇小学《风铃草》小诗报题词:"你们像小草一样稚嫩,你们写的诗,却像风铃一样发出悦耳的声音。"12月28日,蒋风为永康龙川学校《小喜鹊》小小诗刊报创刊题词:"本来就如诗一样美丽的孩子,在诗的熏陶下,定能变得更美丽。"

2006年7月,"全国小诗人夏令营"成员与蒋风(二排左一)合影

2007年1月25日，蒋风为《月牙船》小诗刊创刊题词："诗是美的，爱诗的孩子内心更美。"同日为《小豆豆》小诗刊创刊题词："诗有一种力量，能使得人变得更美。"1月30日，蒋风为《儿童诗》题词："诗是天真无邪的歌。它能使世间万物变得更美丽，它能使人的心灵变得更纯洁，它能使真善美的一切永垂不朽。"8月21日，蒋风为"小叶笛"小诗社题词共勉："睁大你那双好奇的眼睛，你就会发现，周围有数不尽的美。"9月10日，蒋风为"小桔灯诗社"小诗人题词："亮光能使人产生信心，小桔灯的光虽微又小，但在诗的熏陶下，成为年深月久的光，照亮自己一生的路。"12月，蒋风为苍南灵溪第二小学《丑小鸭》小诗报题词："金子在泥沙中也会闪闪发光。丑小鸭只要有信心，终有一天会变成白天鹅。"

蒋风为孩子们题词

2008年5月27日，蒋风为"星语儿童诗社"小诗人题词："让诗美从小在孩子们的心灵中活着。"7月15日，蒋风在宁波参加童诗节活动期间，接受《宁波晚报》记者梅子满采访，表达"我不赞成低龄化写作"的主张。8月29日，为"菊花少儿诗社"题词："如果我们没有在童年时代受到诗的熏陶，那就是莫大的遗憾。"11月20日至22日，蒋风应邀出席江苏海门儿童诗教学研讨会。

11月28日,蒋风为"小精灵诗社"题词:"诗是一位快乐的小精灵,她会给你带来快乐的歌声。"同日,蒋风为"小水滴诗社"题词:"美是无处不在的,只要你善于发现。学会发现美——一滴小水滴,就是一首诗。"

2009年3月,蒋风应浙江苍南县教育局邀请,走进校园给小学生讲儿童诗。4月2日,蒋风为《中国童谣》创刊题词:"童谣是诗的嫩芽,人生就从这里开始感受诗意的熏陶,并快乐健康成长。"12月,蒋风著《蒋风爷爷教你学写诗》由重庆出版社出版。

2010年4月,金华师范附小创建的"中国童诗博物馆"开幕,重点展出了艾青、蒋风、鲁兵、圣野4名校友的照片、著作及相关资料。

2011年。3月25日,蒋风为金华师范附小《小铃铛》诗刊创刊题词:"只要你拿起笔/灵感就会在你的笔尖/时时闪现。"5月10日,蒋风为《小苗苗》诗社题词共勉:

蒋风(左)出席金师附小"中国童诗博物馆"开馆仪式,在"蒋风陈列室"与徐锦生校长合影

"在诗的熏陶下/播种明天的希望。"5月16日,蒋风为武义实验小学"滴答滴"小诗社成立题词:"来自心灵的小水滴/都是美的/滴答滴/滴在纸上都变成诗"。同时为实验小学《小点点》报创刊题词:"点在绿叶上的/都是美美的

诗句/愿点在你们心上的/都是天天向上的力量。"8月28日，蒋风为厦门市松柏第二小学"翠笛诗社"小诗人题词："童年写的诗/是最美的诗/它是天真无邪的歌。"9月25日，为"明招诗社"小诗人题词："对生活漠不关心的人/肯定写不出能打动读者心灵的诗。"11月，蒋风在《文学报》发表《儿歌也是诗——纪念2011年世界儿歌日》。

2012年3月27日，蒋风应邀到永康龙川学校与语文教师畅谈童诗教学。3月28日，蒋风应浙江师大幼儿园邀请，为教师做儿歌欣赏。7月，蒋风赴广州出席中国童诗年会。

蒋风（中）在育才小学与孩子谈诗

2013年3月15日，蒋风上午到育才小学与孩子谈诗；下午应邀到艾青研究会诗歌创作班讲学。

2014年9月18日，蒋风为巍山小学《芝山》报题词："用诗歌为孩子种梦。"9月26日，为常州新桥小学诗社题词："让诗意情怀在孩子心中永驻。"

2015年5月，蒋风倡议的金华市婺城区"八咏童心诗社"成立，蒋风受聘为名誉社长。蒋风收到一封来自广东中山市石歧第一小学郑素言老师的"特殊"的祝贺信，原来郑老师在早前参加中国童诗广州年会后，接了新教的一年级班，便在班上开展童诗教学，她把这个班命名为"蒋风班"。

2016年7月27日,蒋风主持在金华举办的第21届全国儿童文学讲习会,作题为《谈谈诗和儿童诗》的讲座。

2017年5月13日,蒋风将整理发表过的作品,编成《童话谭》《童谣谭》《童诗谭》一套3本书稿,寄希望出版社出版。

2020年6月,蒋风、杨宁合著的《中国儿歌理论研究》由浙江工商大学出版社出版。

……

《蒋风爷爷教你学写诗》,蒋风著,21万字,262页,浙江工商大学出版社2018年6月出版。原全国小学语文教学研究会副理事长兼学术委员会主任、上海师范大学教育科学研究所所长、上海市小学语文教材(实验本)主编吴立岗为该书作《序》。全书共8章:

《蒋风爷爷教你学写诗》(2018)

一、诗离你很近;

二、用儿童的眼光看世界;

三、让你的想法不一样;

四、将情感注入诗中;

五、让想象的翅膀飞起来;

六、多一点童话色彩;

七、架一座意向的桥梁;

八、写出有魅力的文字。

蒋风在《后记：努力使自己成为一首诗》里，借用英国文学家卡莱尔《随笔集·彭斯》中的一句话作为结语："要想写出不朽的诗篇，首先要使自己的一生成为一首不朽的诗篇。"

《儿歌论：中国儿童歌理论研究》，蒋风、杨宁著，25万字，360页，浙江工商大学出版社，2020年6月出版。全书共12章：

《儿歌论：中国儿歌理论研究》(2020)

一、儿歌的概念；

二、儿歌的历史；

三、儿歌的性质和特点；

四、儿歌的类型；

五、儿歌的形式；

六、儿歌的修辞；

七、儿歌的审美；

八、儿歌的赏析；

九、儿歌的收集整理和创作；

十、中外儿歌比较；

十一、儿歌的教学；

十二、儿歌作者的修养。

《附录》部分是周作人、刘半农、朱自清、鲁迅、褚东郊、钟敬文、鲁兵、圣野、张继楼、金波 10 位作家的"儿歌论"。杨宁是浙江师范大学儿童文学专业的研究生,现为赣南师范大学儿童文学教授,她按照蒋风"起草的一份详细的修改提纲"和"整理收藏的相关资料",对 1977 年四川人民社出版的蒋风的《儿歌浅谈》进行修订。同时,杨宁利用自己在美国访学一年的机会,对《中外儿歌比较》等章进行了创新创作。因为杨宁对修订提纲中"儿歌理论发展系谱"缺乏资料和研究,蒋风约请上海社会科学院文学所潘颂德教授执笔。潘教授学术活动非常繁忙,待交稿时,"本书稿已排版待印,因此只能作为附录列入书后",这就是《附录》部分的 10 位作家的"儿歌论"。

可以说,蒋风从儿童诗创作、教学、推广实践到儿童诗系统研究,形成了自己的儿童诗教学特色和理论系统,这是蒋风对中国儿童文学、儿童诗体裁发展以及儿童阅读推广做出的重要贡献。蒋风为什么对儿童诗情有独钟,倾其一生心血来推广儿童诗,让孩子们从小就接受儿童诗的熏陶?因为曾经发生了一件有趣的事情。2005 年 1 月 5 日,《金华晚报》发表了记者赵如芳采访蒋风的报道《小女孩黎黎的困惑:写诗真的没用吗?》[①],蒋风因此不断接到来函来电咨询,询问蒋风"为什么要让孩子学诗?"2005 年 2 月 22 日,蒋风接受《金华晚报》记者采访时,作过公开而系统的答复。蒋风认为孩子学诗至少有以下 5 个方面好处:

第一,学诗可以提高孩子发现美和欣赏美的能力。2003

---

① 赵如芳. 小女孩黎黎的困惑:写诗真的没用吗? [C]// 蒋风主编.新世纪的足迹:蒋风的儿童文学世界.合肥:安徽文艺出版社,2104:400-401.

年春天，我在市少年宫指导孩子写诗时，正是全国"非典"肆虐之时，我希望孩子们能从阴沉的精神世界走出来，去发现大自然的美。结果每个孩子都写出了春天的美。一个五年级的学生这样写道："春姑娘来了／她摸摸小草／说／小草，小草／醒一醒／她摇摇柳枝／说／柳枝，柳枝／醒一醒／她拍拍小河／说／小河，小河醒一醒／小草醒了／柳枝醒了／小河醒了／大地苏醒了／一双好奇的眼睛／笑了。"

第二，学诗可以发展孩子的想象力和创造力。孩子的想象力是要靠我们去激发的，离开了想象诗也就不成其为诗了。我曾做过一个"小黑点"想象实验，在一张白纸上画上一个小黑点，让孩子们想象这是什么，说什么的都有，小黑痣、眼珠子、小黑虫、污点、小蝌蚪、烤焦的小馅饼、飞碟……最后有位小学生把这个黑点想象成历史的窗口，从这个窗口他看到了中华五千年的文明史，写出了一首70多行的长诗《从一个小黑点看到的》，很有气势。

第三，学诗可以让孩子的感情更加丰富。情感不仅是诗的活动原创力，也是诗的生存价值的必要条件之一。感情对于诗的重要，好比水之于鱼。就在上面的"小黑点"想象实验中，有一位学生写道："老师在白纸上画上一个小黑点／让我展开想象的翅膀——／黑点像一颗痣／黑点像一只小黑虫／黑点像天外来客UFO……／都像，都不是／我说：黑点像伊拉克儿童／那渴望和平的眼珠。"这是小诗人情感的自然流露，多么感人的同情心啊！别看最后仅一句话，那是怎样的倾情表达啊！在不经意间，在他人司空见惯的事物里，发现美和诗意，用朴素的语言把人们的心灵点亮。

第四,学诗可以让孩子们的语言更加精炼多彩。诗的语言是最为精练和最富感染力、表现力的。诗的语言要求用最概括、最富表现力的语言将最丰富的情感、思想准确地传达出来,它像一颗小小炸弹,蕴含着强大的爆发力;它像一颗种子,孕育着无限生机和生命力。

第五,学诗可以让孩子在美的熏陶下健康成长。这其实是学诗的一个最为重要的目的。让孩子们在发现美、感受美,继而表现美、反映美的过程中变得纯净、美丽、健康;让孩子们在读诗、写诗的过程中变得智慧、深邃、坚强。

蒋风认为,儿童学诗有这么多好处,但要把诗学好,关键是要教会孩子们写诗。儿童诗往往简短几行,看起来简单,但如果要教,教什么?怎么教,是一门科学,也是一门艺术,而且与语文课本学习关系密切。儿童诗教学与语文课本内容如何协调?语文知识如何渗透?渗透到什么程度?其中的诗意要去感受,那么,其中的字、词、句应怎么讲?音韵如何处理,要不要讲?这些问题都需要在实践中去摸索、探讨,而这其中语文教师的作用非常关键,所以蒋风向全国招募100位小学语文教师开展儿童诗教学实验,《蒋风爷爷教你学写诗》《儿歌论:中国儿歌理论研究》就是辅导孩子写诗和童诗教学实验的最合适教材。

七、创建"儿童文学特色小镇"

蒋风不仅以金华市青少年宫为重要阵地,配合学校做好城市儿童的课外阅读推广工作,而且心中一刻也没有忘记农村孩子的阅读需求，想方设法为农村孩子"读到书、读好书"创造条件，在开展"蒋风儿童文学馆流通站"送书下乡的同时，策划创建儿童阅读公益组织与建设文化基础设施。2020年底，蒋风广发邀请，与国家正在进行的乡村振兴战略一致，服务新时代新农村建设，繁荣农村儿童阅读，邀请更多人加入"儿童文学特色小镇"建设。

女士/先生：

您好！

为了开拓农村文化，发展文化旅游事业，也为了建设美丽新农村，繁荣农村经济，丰富农村儿童阅读，我正策划在金华市开发区汤溪镇白鹤殿口村创建一个"儿童文学特色小镇"。白鹤殿口村不大，但很有特色，每年到这里来研学农耕文化的中小学生多达数万人，遍及全省各地。近年它开展美丽乡村游，成了上海游客向往之地，每天都有旅游团队来此小住数天，村里现有民宿20余家，户户客满，生意兴隆。为此，我在村支书的支持下，想在每户民宿里建立一个小型"儿童文学作家书屋"，先建20家，今后再视情况逐年扩展。

"儿童文学作家书屋"由我提供基础儿童读物千册左右，再由选定者提供自己的著作和私人的多余藏书，希望得到您的大力支持，如果同意，请提供下列资料以布展：

1. 作家简介；
2. 生活照和工作照；
3. 本人的著作和私人藏书；
4. 获奖证书的照片或复印件；
5. 手稿；

6. 媒体评论和报道；

7. 其他有意义的展品。

以上资料也可直接寄给金华汤溪镇白鹤殿口村，村支部书记陈定粮同志的手机：13588651833

接信后无论同意或不同意，都请电告便于工作安排。

祝好。

蒋 风

2020.11.30

在此之前，11月2日，蒋风还广发了《关于设立蒋风儿童文学馆流通站的设想》，邀请更多人加入"蒋风儿童文学馆流通站"创建活动——

关于设立蒋风儿童文学馆流通站的设想

一、缘起

2011年，我获得第13届国际格林奖后，金华市金西开发区要为我在金西开发区的侍陇湖风景区内建立一座"蒋风儿童文学馆"，同时同地还计划建一座"郑竹三艺术馆"。当时为了发展文化旅游事业，成立了"九峰文化研究院"，聘我担任院长。鉴于这份信任和厚爱，我便去函老友原中央宣传部副部长、原文化部部长、诗人贺敬之为之题写馆名，他很快写好寄来，于是便在侍陇湖边的金西商会内先挂牌运营起来。后因机构人事变动，建馆的事未能落实。

稍后，我便把曾捐赠过书的三个单位：金华市青少年宫、金华职业技术学院师范学院、浙江师大婺州外国语学校，征得单位同意都以"蒋风儿童文学馆"命名，都挂上贺敬之先生题写的馆牌。

2016年，我获批一个国家社科基金重点课题，每年都得到一份不菲的激励奖金，我就把它全部购买了儿童文学读物，这数以万计的书，放在我书房里沉睡，是个很大的浪费，为了让它们都活起来，先后在金华开发区的汤溪镇图书馆、三江街道、白鹤殿口村、金华婺城区的青春街道、幸福村、荣光国际学校、白沙、金华金东区的畈田蒋村、琐园村、蒲圹村、多湖街道等建立了11个流通站，后因需要又在金华市城外的杭州、嵊州、武义等设了3个流通站，有可能还在不断创设。

二、建立流通站的几点要求

1. 有一个独立的空间（一间房）；

2. 有人造册登记书目；

3. 有人负责管理；

4. 既能使书充分流通，又要尽可能减低损毁率；

5. 凡具备条件的，由我免费提供儿童读物2000～5000册，今后视运营情况再添购新书；

6. 如有经营不善或停止流通时，本人有权收回全部所赠图书。

蒋 风

2020.11.2

从上述两份几乎同时发出的倡议和邀请中，可以看出蒋风的工作重点已经放在儿童阅读推广的组织创建和文化设施建设上，组建队伍，形成机制，着眼长远，为新时代儿童阅读活动营造良好环境。这不仅体现了蒋风一贯的与时俱进的创新精神，更有他一辈子从事儿童文学教学、研究、普及工作的宝贵经验。从倡议书里，蒋风回顾了创建"蒋风儿童文学馆"和设立"蒋风儿童文学馆流通站"的缘起，以及倡议创建"儿童文学特色小镇"和设立"儿童文学作家书屋"的设想。这里有一个绕不过的名字——汤溪镇，这是"蒋风儿童文学馆流通站"的首发地，也是蒋风希望率先建设"儿童文学特色小镇"的示范地，更是蒋风放飞"儿童文学梦想"的策源地。

8年前，当时被称作"蒋风家庭文库流通站"在汤溪首发的情形，一直刻印在蒋风的脑海里，给他巨大的鼓舞与自信，也是从那一刻起，蒋风更加坚定了"家庭藏书公益化"的儿童阅读推广理念。

2012年11月10日，周末，下雨天冷，金华市婺城区汤溪镇城隍庙的人流并不多，大家都被吸引到城隍庙大堂内的"蒋风家庭文库流动站"的展位前，围在一圈翻看展台上的儿童图书。展位由两排桌子拼成，上面排满图书，桌边放着长凳，供人坐下来阅读，家住附近的10岁女孩刘美惠和同学一起，整个上午都在看书，下午又来到"流通站"，挑选了一本《会飞的孩子》，看得入神。浙江师大的活动志愿者，忙着热情推荐图书，介绍蒋风教授的事迹，以及蒋风教授开设"家庭文库流动站"的想法和意义。蒋风是金华的名人，蒋风与儿童文学的故事，写进了金华市的中小学地方教材的课程里，可以说，蒋风的事迹早已家喻户晓，人们从"蒋风家庭文库流通站"的"义举"活动中，更加敬佩蒋风，很多读者都想着能见到蒋风，当面表达感谢和敬意。蒋风因为身体不适，又因天冷下雨路滑，家人从安全考虑，没让他亲临活动现场，蒋风为此感到不安和对读者有愧，他在接受《金华日报》记者采访时，请记者代他向小读者们表示歉意，同时也告诉记者自己的想法，因为一个人的私人藏书往往利用率不高，考虑自己收藏的大多是儿童文学读物，才有了将这些书流通利用起来的想法，选择城隍庙周末人多的地方，希望为农村家庭孩子的阅读提供些方便和帮助。蒋风还请记者代为广而告之，下个周末，"蒋风家庭文库流通站"还会在汤溪城隍庙等候孩子们。这次活动让更多人知道了蒋风"家庭藏书公益化"的阅读推广主张，为后来很多人主动拿出自己的藏书加入"流通站"做了很好的宣传。蒋风这次展出家庭藏书中的儿童文学图书1192册，都是中外儿童文学名著。从第一次活动的效果看，看书的主要是小读者，蒋风想何不把活动的主题说得更明确些，让更多人知道这个"家庭文库流通站"提供的读物是儿童文学，服务的对象是儿童读者，针对的地区是农村孩子，这项有意义的公益活动，由著名儿童文学家蒋风教授亲自来做，因而，蒋风将这一部分针对儿童阅读、丰富课外生活的"蒋风家庭文库流通站"活动，与他设在金华市青少年宫的"蒋风儿童文学馆"阅读活动融而为一，称作"蒋风儿童文学馆流通站"。

"蒋风家庭文库流通站"连续两个周末在汤溪城隍庙首发后，很快融入当地的儿童阅读推广活动，借着蒋风的名声和活动特色，很快得到推广。从欢迎的程度中，蒋风更加坚定了"私人藏书公益化"在儿童阅读推广中的积极作用,特别是活动中经常有读者询问如何加入到"流通站"活动中来,还有孩子把自己看过的书捐给"流通站",让自己的书加入蒋风藏书一起,借"流通站"这个"移动书房",让更多农村孩子读到更多的好书。逐渐将"流通站"移动书房与全民阅读活动、少年宫"蒋风儿童文学馆"融为一体——阅读推广、文学讲座、创作辅导成为"三位一体"的儿童文学活动。

2016年4月22日,世界读书日前一天,蒋风应金华市婺城区雅畈小学的邀请,在校园"读书节"期间举办一场"蒋风爷爷与你面对面"特色活动。"蒋风儿童文学馆流通站"也成为书香校园"读书节"众多活动之一。蒋风结合自己的读书经历与学校师生交流阅读的价值与意义,希望孩子们养成良好的阅读习惯、选择有意义、有生命、有趣味的书进行阅读,并给小学生开了10本书单:《西游记》《三国演义》《寄小读者》《安徒生童话》《一千零一夜》《伊索寓言》《爱丽丝漫游奇境记》《长袜子皮皮》《童年》《钢铁是怎样炼成的》。

蒋风从推荐阅读世界儿童文学名著《钢铁是怎样炼成的》开始,讲了关于这本书的一个真实的故事,就是前文提过,一个小偷在偶然中读到《钢铁是怎样炼成的》,深受感触,决定洗心革面、劳动致富的故事。蒋风希望孩子们从这个真实的故事里体会到阅读的神奇力量,都能爱上阅读,通过阅读改变人生。

蒋风接着向学校师生介绍了他为什么要开展"蒋风儿童文学馆流通站"活动的初衷和希望。蒋风说,他这辈子最大的爱好就是读书买书藏书推销书,工资奖金所得除了基本的生活费用,都用来买书了,一共收藏了2万多册,现在看到好的新书甚至旧书,他还会买来，其中极大部分是儿童文学读物。早在20世纪80年代，他就有送书捐书的经历，包括给金华市青少年宫、莘畈小学等单位，还把1万多册适合做儿童文学教学与研究的藏书捐给浙江师范大学儿童文化研究院的国际儿童文学馆。可是，书放在高校的图书馆或资料室，能看到的人毕竟很有限，与他希望社会上有更多人和他分享阅读的快乐相差较远，于是，他在应邀给学校、社区、孩子们讲课的时候，就有针对性地整理自己收藏的部分图书，以"蒋风家庭文库流通站"的名义，随他一起走进校园、走进社区、走到孩子面前。虽然这样流通阅读有所限制，但能起到很好的阅读推广宣传作用，尤其对农村孩子来说，每当"蒋风家庭文库流通站"来到农村，孩子们就像过大年那样，兴高采烈，奔走相告，驻足阅读，流连忘返。蒋风将自己的做法概括为"私人藏书公益化"，就是将个人藏书的阅读价值最大化，以"移动书架"的形式，为不同的读者量身定做阅读内容，既避免了捐赠的图书被束之高阁或管理不善的问题，又拥有图书的所有权，保管、使用都会非常珍惜用心。蒋风说，他现在手头还有近万册家庭藏书，只要有人愿意妥善保管，使之流通，他就愿意在一些地方设立流通站点——比较固定的那种，方便孩子们阅读。蒋风的这些想法与他之后倡导创建"儿童文学特色小镇"有相通之处。

2021年12月16日，蒋风在给笔者的来信中，又特意介绍了"儿童文学特色小镇"的进展情况。"儿童文学特色小镇"（或"儿童文学特色小村"）已经列入浙江师范大学儿童文学实践基地，同时作为浙江师范大学扶贫项目之一，纳入了浙江师范大学统筹安排、规范管理和扶持发展，凡是建有"儿童文学特色小镇"的地方，如"蒋风儿童文学白鹤站"，都纳入浙江师范大学儿童文学实践基地和扶贫项目；凡是已经建立的浙江师范大学儿童文学实践基地，都将创建"儿童文学特色小镇"。在"儿童文学特色小镇"里，计划将增设以下10个方面内容：

二、增设项目

1. 汤汤童话书屋；
2. 汤汤童话故事实景设计（如：《爱丽丝漫游奇境记》）；
3. 汤汤童话人物雕塑；
4. 汤汤童话人物玩具；
5. 其他童话人物雕塑、玩具（如：海的女儿、爱丽丝、神笔马良等）；
6. 游船上讲爱丽丝的故事；
7. 农民（儿童文学）大学：
   （1）培训故事妈妈亲子阅读法；
   （2）金华童谣游戏的文学传承；
   （3）金华新童谣创作；
   （4）口头儿童文学作品收集整理；
   （5）其他。
8. 童心诗社　诗画长廊；
9. 儿童文学小书屋、小店——书籍、戏剧、脸谱、剪纸、玩具、儿童画、农民画；
10. 怀旧游乐场、秋千、铁环、抓石子……

蒋风这份"儿童文学特色小镇"建设所增加的内容，虽然看起来有些简单、散乱，但表明"儿童文学特色小镇"有了"标准化"建设思路。蒋风受到鼓舞与启示，开始征集邀请更多人参与到"流通站"中，一起努力解决农村孩子儿童读物不足、质量不高、引导不够的问题，于是抓住新时代乡村振兴的大好机遇，以乡村游、民宿游、研学游为入口，以服务农村儿童阅读和新农村文化建设为职责，呼吁创建"儿童文学特色小镇"，汇聚以蒋风命名的多种儿童文学资源，开创新时代儿童阅读的新阶段。已经98岁高龄的蒋风，以8岁的童心和"90后"的朝气，继续在儿童文学的道路上追梦圆梦，从"蒋风家庭文库流动站"到"蒋风儿童文学馆流通站"，再到"蒋风儿童文学特色小镇"，蒋风用心用情用力引领儿童阅读一步步走实走深走远，被誉为"金华市儿童阅读推广的点灯人"。

八、"蒋风儿童文学院"传递"爱的教育"

在小学语文教学中，阅读与写作是不可分的一种语文基本功。阅读是写作的基础，写作是阅读的应用，共同构成青少年的语文能力。阅读儿童文学的结果不仅是让孩子们爱上阅读，阅读可以改变人生命运，而且还会让孩子们爱上儿童文学，像蒋风那样，从而走上儿童文学的道路，这里有一个引导成才的问题。蒋风认为，孩子们的可塑性很大，有没有引导结果会大不同，儿童文学人才更需要引导与培养，从孩子中培养未来的儿童文学作家是一项重要工作，在校外各类辅导班应有尽有、目不暇接的情形下，为什么不能让有文学兴趣和文学梦的孩子多一种选择，为他们创建"文学院"，开设"作家班"呢？"蒋风儿童文学院"就是在"蒋风儿童文学社"的基础上升级创建的，孩子们实现文学梦、作家梦的摇篮。

2019年6月2日，蒋风赴金华市青少年宫参加"六一"活动。金华市青少年宫"蒋风儿童文学院"毕业生举行了丰富多彩的文艺节目，蒋风观看了文艺节目，给学员颁发毕业证书，在热情洋溢的致辞中，祝福学员节日快乐，心揣文学梦想，翱翔万里。

"蒋风儿童文学院"是在蒋风倡议下，2001年在金华市少年宫成立的文学社团组织，以"激发创作热情，提高阅读和写作能力，进一步提升审美能力和人文素养"为培养目标，采取小班精品化教学方式，

蒋风（二排右七）与"蒋风儿童文学院"的毕业学员合影

因材施教，提倡孩子的个性化培养。同时，"蒋风儿童文学院"遵循培训活动化、活动课程化的理念，构建丰富的课程体系，积极开展各项品牌活动，组织学生参与文学投稿，拓宽孩子们的展示渠道。在蒋风的指导与培育下，蒋风儿童文学院很快成为金华地区重要的儿童文学创作社团，被评为浙江省优秀校外社团，是青少年成就文学梦想的殿堂。

"蒋风儿童文学院"的文学活动最大特色就是回归文学的源头，走出校园，走进自然，走

"蒋风儿童文学院"的孩子们

进社会，在生活中激发文学创作的激情，在体验中书写真情实感，让创作与学习、文学与生活融为一体，让孩子们真正享受文学的快乐。

还是 2019 年，9 月 28 日，在秋高气爽、瓜果飘香的季节，蒋风儿童文学院 10 名小社员代表，在蒋风儿童文学院院长和六年级学生陈韦伶的带领下，来到美丽的塔石采风，观看丰收庆典，寻觅乡间野趣，眺望层层梯田，体验收割快乐。蒋风儿童文学院的孩子们手持镰刀，在塔石村民手把手的教导下，学会了割稻子。怎么拿镰刀，怎么割稻子，怎么放稻把，怎么打稻子，看似简单实则不易。这些娇生惯养的孩子们各个都变成了小农民，满头大汗，挥舞着镰刀，干得热火朝天！割着，割着，有的孩子手指被镰刀割到了，有的手臂被稻叶划破了，又疼又痒，但是谁都没有叫苦叫累，真实体验了一把"锄禾日当午，汗滴禾下土"的艰辛。

小社员在金色的田野里

童心在这片金黄的土地上绽放，小社员们纷纷用纯真的文字记录下"丰收塔石　梦想田园"的丰收喜悦。陈韦伶用下面的文字记录了在"塔石乡丰收节"采风的真切感受：

伴随着一路纵情欢歌的鸟鸣，绿树成荫的树木以及纵情开放的小野花，我们青少年宫的团员乘着大巴沿着蜿蜒崎岖的山路而行。经过一个多小时的长途跋涉后，我们到达了目的地——塔石乡。

正值塔石乡的"丰收节"，田野里那一片无边无际的金黄色让我们惊叹不已。走进这片金色的海洋，我感觉仿佛置身于仙境之中。当你再凑近一些，会发现稻子已经成熟了，稻子沉甸甸地缀满在稻秆上。漫步在梯田之上，我一边欣赏着沿途的美景，一边想象着农民伯伯丰收时的喜悦。一不留神便踩进了泥泞的田地里，鞋子上沾满了泥土，我在擦鞋的同时不禁想着：农民伯伯真是太不容易了。

当我们到达割稻体验区的时候，发现已经被一个团队捷足先登了，原本完整的麦田上出现了一个小缺口。在听完老师详细的讲解之后，我们便迫不及待地领走镰刀，开始尝试割稻。开始时我们看着老师的示范，觉得这也没什么困难的，我们一定可以轻轻松松地将稻子割下来，但是等轮到我们真枪实弹的开始体验时，便知割稻的不易。我们先是找了一株较少的稻子，抓住稻秆，用镰刀拉扯着想要将它割下，老师看了连忙上前来拉住我说："割稻子可不能斜着割，你看我示范，要像这样抓住稻秆，用刀横着才能将稻子完整的割下。"我认真

小社员们在体验割稻子

地听着老师的讲解，按捺不住激动的心情想要再次尝试。这不，正确的方法让割稻子的过程轻松许多，我不断地向前收割着，不顾腿上的酸疼。当我望着眼前那一条由我独自开辟出来的小道时，我的内心是无比喜悦的，这喜悦冲淡了辛勤劳作后的疲劳。等到休息时才发现自己的双手早已布满了伤口，但是由于太过专心也就没有注意到，当然这么一点小伤是不可能阻挡我前进的步伐的。

这时，我瞥见了在一旁打稻子的大伯，便有了兴趣，也想要尝试一下。大伯看我跃跃欲试的模样便告诉了我诀窍，让我大胆的尝试起来。打稻子可真的是个体力活了，它需要用很大的力将稻子打入斗中，再抖一抖，换个方向再连续打三下才能算是成功。在大伯的专业指导下，打稻子的过程算得上是十分顺利了，我越打越起劲，也干得越来越像样了……

时间如风一般疾驰，转眼就到了要回家的时候。我依依不舍地望着稻田，向它挥挥手。一阵风吹过，还未收割完的稻子随风摇摆着，好像在对我说着"再见"。

乘着大巴车原路返回，沿途的风景还是一样的美丽，可回去时的心情与来时却大不相同了。回头望着塔石乡，一片金黄再次映入眼帘，使我久久不能忘怀。

生活是文学创作取之不尽用之不竭的源泉，创作是蒋风儿童文学学院永恒的主题，服务语文教学并提高学生语文写作能力是基本前提。据蒋风文学院有关资料显示，文学院学员有500余篇优秀作品，相继在全国多家作文网站及《少年文艺》《儿童文学》《小溪流》等知名儿童文学报刊杂志上发表，深受读者喜爱，也得到了很多专家的肯定；在全国冰心儿童文学大赛及各地市的文学大赛中屡获佳绩，硕果累累。比如，2018 年，在《小学生学习报》以"XX 罢工了"为题举行的"全国文学社擂台赛"评比中，蒋风儿童文学院的学员倪早、方铃懿、李永睿、胡敏 4 位学员，分别以《书包罢工了》《摩擦力罢工了》《铅笔刨罢工了》《空调罢工了》喜获 4 个一等奖。

获奖证书

2019 年，在"我的航海梦"浙江省青少年主题征文比赛中，蒋风儿童文学院的学员赵昱妍获小学中段组一等奖，陈韦伶获小学高段组二等奖，刘芷睿等同学分获三等奖及优秀奖。突出的参赛成就，让蒋风儿童文学院的名声更大，蒋风儿童文学院的品牌更亮，蒋风的儿童文学精神传播更广。

蒋风儿童文学院提倡活动的理念，春秋两期都会举行一次外出采风活动。活动融入大自然一年四季的律动中，融入中华传统文化与乡土文化的生活中，让

2017 年 3 月 19 日，"蒋风儿童文学院"学员走进古色古香的金东区琐园村，开展"家风家训"采风活动

孩子们感受神奇自然，体验社会生活，激发创作激情。同时，蒋风还非常重视给孩子们讲文学课，以自己的切身体会和人生感悟，给孩子树立了榜样的力量，从蒋风爷爷身上，孩子们看到了自己的未来和希望。

蒋风儿童文学院的孩子们是幸运的，他们在自己童年时代就能遇见蒋风爷爷这样的大文学家，而且是一辈子为孩子服务的儿童文学家，就像蒋风小学时代遇到数学老师斯紫辉那样，用每周一节故事课的形式，在一个学期内讲完了意大利著名儿童文学作家亚米契斯的《爱的教育》，引导蒋风爱上阅读，改变了人生，走上了儿童文学道路。如今蒋风也以他的文学启蒙老师斯紫辉为榜样，在青少年宫建立"蒋风儿童文学馆"、设立"蒋风儿童文学院"，在金华师范附小设立"蒋风儿童文学社（蒋风儿童文学工作室）"，以多种方式传递"爱的教育"，帮儿童在成长过程中扣好人生的第一粒扣子，让每一个孩子都有文学滋润的童年，让每一个孩子的一生都成为"一首不朽的诗"。孩子们也在幼小的心田里播种下了文学的种子，在人之初的起步期就有了蒋风爷爷作为人生的榜样，他们爱戴蒋风爷爷，就像爱戴自己的爷爷一样，这让蒋风爷爷非常感动。

蒋风为"蒋风儿童文学院"的孩子们题词

2017年9月24日下午，蒋风悄悄来到"蒋风儿童文学院"，看见有母亲和孩子围在一起静静地阅读，这让蒋风想到了自己小时候母亲给他讲故事读诗词时的美好情景，心中非常感动。他不想打扰母子共读的温馨宁静，就像一位普通老师一样，来到书架前翻看自己刚刚买来捐赠的一批新书，但还是被一位小学员发现了。

"蒋风爷爷来了！""蒋风爷爷来了！"所有的人都站了起来，孩子们跑到蒋风身边。原来"蒋风儿童文学院"的展厅里，有很多蒋风爷爷的照片和"蒋风儿童文学院"精彩活动的剪影，在这里读书的每一位学员，都早已从照片上认识蒋风爷爷了。见到蒋风爷爷，孩子们喜出望外，非常开心，围在蒋风爷爷身边，请蒋风爷爷讲故事。蒋风风趣地说，今天蒋风爷爷就给你们讲讲自己的故事吧。孩子们开心地笑了，一起鼓掌，安静下来听蒋风爷爷讲自己的故事……故事结束后，蒋风还在"蒋风儿童文学院"的题词簿上写下这句话，和孩子们共勉："人的一生应该有理想、有追求，这样生活才有意义。"

当得知再过一周，就是蒋风爷爷93岁生日时，孩子们纷纷祝福蒋风爷爷生日快乐、健康长寿。很多小朋友就用自己书包里学习用的彩纸，现场为蒋风爷爷制作生日贺卡。"蒋风儿童文学院"三（1）班的小朋友何子墨在贺卡的上端写道："祝蒋风爷爷福如东海长流水，寿比南山不老松。"在贺卡中间的心形图案中写道："至（致）蒋风爷爷（：）

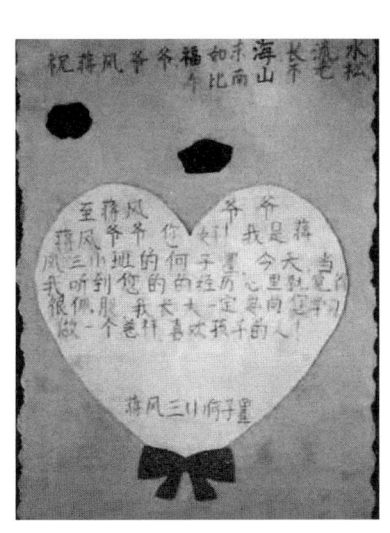

三（1）班何子墨小朋友为蒋风制做的生日贺卡

蒋风爷爷您好！我是蒋风三（1）班的何子墨。今天，当我听到您的经历，心里就觉得很佩服。我长大了一定要向您学习，做一个慈祥、喜欢孩子的人！"

孩子们以自己稚嫩质朴的方式，用心用情制作卡片，发自内心地祝福蒋风爷爷，表达自己的真情实感，这份生日礼物太珍贵了。蒋风非常感动。他爱孩子，用一辈子诠释"爱的教育"，把自己的人生无私奉献给了孩子们，如今他享受着孩子们给他的爱，感到无比幸福。看着孩子们纯洁无瑕的笑脸，手捧孩子们送上的生日贺卡，蒋风的眼睛湿润了，动情地对孩子们说："谢谢你们，祝你们好好学习，健康成长，长大了为国家多做贡献。我虽然已经90多岁了，但我不服老，我也是'90后'，要和你们一起，继续学习，继续努力，为社会多做些事情。"

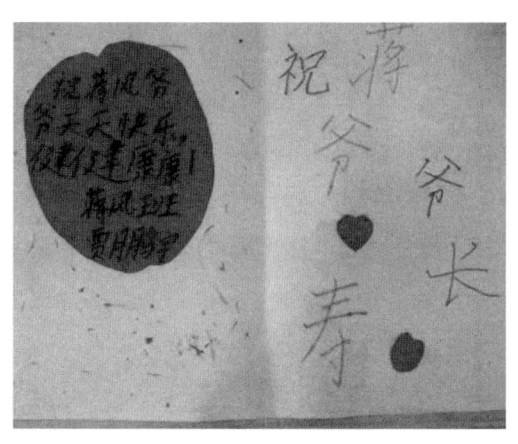

"蒋风班"贾鹏宇小朋友的生日加卡

"蒋风班"的小学员贾鹏宇用他的言行表达了所有人的心声。只见他手捧贺卡，向蒋风爷爷鞠躬敬礼，用清脆甜美的童音朗诵道：

祝蒋风爷爷天天快乐，健健康康！
祝蒋爷爷长寿！

附录

蒋风评传

Jiangfeng Pingzhuan

一、蒋风与儿童文学年表

1925年（1岁）

10月8日，农历八月二十一，蒋风出生于浙江金华一个小学教师家庭。父亲蒋彝（1890—1970），母亲范舜华（1897—1985）。祖父蒋莲僧（1865—1943）为他取名蒋寿康。

1930年（6岁）

到金华成美学校上小学，因见外籍教师害怕，只读了三四天就不肯上学，在家由父亲教语文、算术。

1932年（8岁）

父亲带蒋风到义乌绣湖小学直接上三年级，读了一学年。

1933年（9岁）

插班到金中附小（现金师附小前身）读四年级。

班主任是语文老师徐德春，算术老师是徐老师夫人斯紫辉。斯老师给学生讲《爱的教育》，对蒋风走上儿童文学道路播下种子。

1934 年（10 岁）

在金华中学附小读五年级。蒋风参加全国小学生作文竞赛的作品《北山游记》在上海《儿童杂志》发表，受到很大鼓舞。

1935 年（11 岁）

六年级毕业，考进金华中学读初一。

1937 年（13 岁）

七、七卢沟桥事变后不到半年，日寇占领浙江省城，杭州沦陷。蒋风上半年读了初一，下半年躲避战乱，逃到离县城 30 多里的北山玲珑岩村，并担任该村小学教员，时间半年。

1938 年（14 岁）

暑假，蒋风结束玲珑岩小学教员工作，与家人回金华城内居住。结识进步人士汤逊安。开始给当时从杭州迁来金华办的报纸《东南日报》副刊"壁垒"和在金华创办的《浙江日报》副刊"江风"写稿，始用笔名蒋风。

1939 年（15 岁）

在绍兴稽山中学读初二。白天逃避飞机轰炸，晚上临时挤时间上课。

1940 年（16 岁）

日本侵略者要打过钱塘江，绍兴形势紧张，蒋风回金华。考进金华战时服务团，做抗日宣传工作，时间一年左右。

1941 年（17 岁）

蒋风考进已搬迁到武义的原绍兴稽山中学，读高一，一个学期。

1942 年（18 岁）

2 月，转学到常山临中读高三，两个月。

四五月间,日军为了确保浙江沿海地区,打通浙赣路,发动浙赣战役。日军要进犯浙西,人们纷纷逃难,蒋风回到金华,又从金华到常山,约了四五位同学,徒步去福建建阳。本年夏,金华沦陷。

9月17日,考入福建建阳东南联合大学先修班,学习一年。

1943年(19岁)

9月,考入设在福建建阳的暨南大学文学院,时任暨南大学校长何炳松。

11月,英士大学来建阳招生。

12月,报考当时设立在浙江云和小顺的国立英士大学农学院,被录取。第一学年读畜牧兽医系。

1944年(20岁)

寒假后到泰顺就学。第二学年,转到农经系,一直到大学毕业,后来国立英士大学农学院迁驻浙江泰顺司前。

1945年(21岁)

11月英士大学迁温州。父亲在衢州工作,暑假在衢州过,回校途中听到日本投降的消息。

本年,在《青年日报》发表儿童诗习作《落水的鸭子》,与儿童文学结缘。

1946年(22岁)

1月,发生学生"倒杜运动"。6月,英士大学校长杜佐周辞职。

3月,英士大学奉令移址金华,由工学院院长周尚代理校长。

3月10日,蒋风在上海《文汇报》发表《温州也来打米店》通讯。以后接连写了《生活悲剧在温州》《白米与谷斗齐飞》《春荒三月话温州》《浙南的高利贷》等长篇通讯。

秋天,随英士大学迁回金华。

1947 年（23 岁）

4 月 23 日,英士大学校长杨公达辞职,总务长周尚代理校长。

6 月,汤吉禾继任英士大学校长。

在英士大学读书期间,蒋风积极参加学生爱国运动,成立《大江通讯》社,从事革命宣传活动。名字被列入国民党的黑名单。

受小学老师徐德春邀请去台州师范学校教书,后将工作让给因学潮被开除的宋无畏同学。

本年,从国立英士大学毕业,被聘为《申报》驻金华记者,实现了"记者梦"。

本年,从《申报》看到一条消息,3 个孩子受荒诞作品的迷惑,偷偷逃出家门,结伴去四川峨眉山求仙学道,自以为得道成仙,跳崖而死。这使蒋风认识到荒诞不经的儿童读物对小读者心灵的毒害,认识到儿童文学对孩子健康成长的作用,决定终生全身心投入儿童文学事业。

1948 年（24 岁）

被香港国际新闻社聘为驻浙特约记者,兼《浙中日报》采访主任。

1949 年（25 岁）

5 月 7 日,金华解放。受当时金华军管会文教科派遣,蒋风到私立婺江商校教书,当教导主任。

1950 年（26 岁）

1 月,金华地区人民文化馆成立,蒋风调到文化馆工作。

本年,金华地区文联成立,蒋风任秘书长。

1951 年（27 岁）

蒋风在金华地区人民文化馆工作，从事戏曲改革，被评为劳动模范。

1952 年（28 岁）

金华县文协（文学工作者协会）成立，蒋风被推选为主席。该协会隶属金华地区文联。

到金华师范工作一年，教语文，第一次上儿童文学课。认识了后来的爱人卢德芳，当时她在金华师范读书。

本年，浙江大学文学院、理学院的一部分，之江大学的文理学院和浙江师范专科学校合并，建立浙江师范学院，又称老浙江师院。

1953 年（29 岁）

新建金华二中。蒋风调去当政治教师。教过语文、政治，兼任三年工会主席。

艾青第一次回乡，蒋风以金华文协主席身份接待，并受艾青邀请陪艾青在老家畈田蒋生活 20 多天。

1954 年（30 岁）

蒋风任金华县文协主席。浙江省第一次文代会召开，被选为金华地区正式代表出席大会。

5 月，蒋风收集整理编选的《浙东戏曲窗花》一书，由朝花美术出版社出版。

1955 年（31 岁）

2 月，收集整理编选《金华民间剪纸选》一书，由上海出版公司出版。

1956年（32岁）

4月16日，经国务院批复，同意浙江省在杭州设师范专科学校一所，校名为杭州师范专科学校，校址定在杭州市南山路98号。杭州师范专科学校是现浙江师范大学校史的源头之一。

10月3日，隆重举行杭州师范专科学校开学典礼。

本年，蒋风从金华二中调到老浙江师范学院，开始走上儿童文学讲台。

1957年（33岁）

2月，杭州师范专科学校搬迁至杭州市体育场路。

3月，浙江师院吕漠野、任明耀与蒋风3人合编《儿童文学参考资料》，由学校印行。

同月，在江苏文艺出版社出版《中国儿童文学讲话》，被誉为中国第一部儿童文学史纲。1959年6月第二次印刷，1960年1月第三次印刷。

1958年（34岁）

蒋风与卢德芳结婚。卢德芳金华师范学校毕业后在金华东孝小学教书，后到金华曹宅、罗店教中学，以后又从农村调进金华城区的环城小学、金华师范附小，直至退休。

蒋风下放萧山农村10个月，在农村当新农民，在抢收抢种时被评为劳动模范。还当了猪郎中，为农民的猪看病。

8月，省委省人委决定将

蒋风与下放教师一起在萧山农村合影

杭州师范专科学校迁往金华办学，选址金华北郊，改名金华师范学院。但最后杭州师范专科学校留在杭州未迁址金华。金华已经建好的新校舍和已经命名的金华师范学院，闲置至1960年4月，在梅城的建德师范专科学校迁到金华后，建德师范专科学校改用金华师范学院。

9月，杭州师范专科学校改为杭州师范学院。

本年，新建杭州大学，老浙江师范学院并入杭州大学。

1959年（35岁）

6月，蒋风把自己在老浙江师院开设儿童文学课的讲稿整理出一部分，以《中国儿童文学讲话》为书名，由江苏文艺出版社出版。该书被儿童文学界认为是"中国儿童文学史的雏形"。

因精简课程，儿童文学课被取消，蒋风在杭州大学中文系改教写作和民间文学。

1960年（36岁）

中国作协浙江分会成立，蒋风被选为理事。

金华师范学院成立，即建德师范专科学校迁至金华，改名金华师范学院。为支援家乡办大学，蒋风从杭州大学调至金华师院工作。

1961年（37岁）

9月，蒋风著《鲁迅论儿童教育和儿童文学》，由上海少年儿童出版社出版。

1962年（38岁）

4月7日，浙江省委通知原属杭州市委领导的杭州师范学院划归浙江省教育厅领导。

7月，蒋风在少年儿童出版社出版的《儿童文学研究》发表论文《幼儿文学的语言》。

8月30日，浙江省教育厅下文，根据省人委第39次会议通过，并经国务院国教字第233号文批准，杭州师范学院、浙江教育学院、浙江体育学院3校合并成立浙江师范学院，又称新浙江师院。

中国作协浙江分会儿童文学小组因金近调回北京，由蒋风接替金近的组长工作。（到20世纪80年代，儿童文学小组扩展为儿童文学创作委员会，又继续被选为主任，连任30多年）

9月，蒋风调到杭州的新浙江师院工作。

1963年（39岁）

继续在新浙江师院教书。

1964年（40岁）

12月，蒋风创作的儿歌收入儿童集《月亮亮》，由少年儿童出版社出版。

1965年（41岁）

8月底，新浙江师范学院由杭州迁至金华，现浙江师范大学校址。

蒋风随新浙江师院南迁，再次回到老家金华。

1966年（42岁）

6月，"文革"开始。学校瘫痪。

1967年（43岁）—1969年（45岁）

蒋风以反动学术权威等罪名被关进牛棚。

1970年（46岁）

7月28日，浙江省革委会[1970]89号文件"关于调整大专院校的决定"下达，因为战备等原因，浙江师范学院的人员、设备由省统一调配给金华、丽水、台州三地区，即所谓"一分为三"。

9月21日,按照"一分为三"方案,浙江师范学院宣告停办。以浙江师院教职工为主体,分别建立金华师专(在浙江师院原址)、丽水师专(在遂昌,今松阳西屏)、台州师专(在临海师范学校校址)。

蒋风被分在新成立的"金华师专"工作,继续教写作。

1971年(47岁)–1973年(49岁)

在金华师专工作。

1974年(50岁)

6月4日,国务院科教组下达科教计字[1974]117号文件《关于同意重建浙江师范学院的通知》。

10月25日,浙江省革委会下达浙革[1974]81号文件,同意重建浙江师范学院方案,原分到三地的教职员工部分回校。

蒋风重回浙江师院。

1975年(51岁)

在浙江师院工作。

1976年(52岁)

10月,粉碎"四人帮"。

在浙江师院工作。

1977年(53岁)

5月,蒋风应邀到金华红军巷小学为孩子们做《儿歌写作》讲座。

1978年(54岁)

3月,恢复高考,学制四年。

8月,国家教育部召开文科教材会议,决定恢复高校儿童文学课程。在蒋风的提议下,浙江师院与北京师大、杭州大学、华中师大、河南师大合编一部儿童文学教材。

10月11日至21日，蒋风应邀参加在江西庐山召开的"全国少年儿童读物出版工作座谈会"，即儿童文学界的"庐山会议"。

会后蒋风回到金华，向学校党委申请创建全国第一个儿童文学研究机构，第一个招收儿童文学硕士研究生，并率先恢复开设儿童文学课，发起并组织指导成立本科学生课外儿童文学兴趣小组。

1979年（55岁）

1月，经浙江师院批准，成立中文系儿童文学研究室，蒋风任研究室主任。

同月，浙江省作协儿童文学组在蒋风规划和组织推动下，在杭州举办儿童文学讲座，蒋风主讲。

5月，蒋风著《儿童文学丛谈》，由湖南人民出版社出版。首版2万册很快售完，6月重印2万册。1982年3月，湖南少年儿童出版社第三次重印。

9月，浙江师院中文系儿童文学教研室招收全国第1届儿童文学硕士研究生，蒋风任导师，研究生吴其南入学。

10月，蒋风出席浙江省第二次文代会，入选主席团成员。

12月，蒋风著《儿歌浅谈》，由四川人民出版社出版。

1980年（56岁）

3月，蒋风亲自策划编辑的《我与儿童文学》印行，茅盾题签书名，收录47位作家的自传与回忆录。

5月，获浙江省人民政府授予的"优秀少年儿童工作者"荣誉称号。

同月，第2届全国少年儿童文艺创作评奖会议在北京召开，蒋风以特邀代表身份出席，被批准为中国作协会员。

6月1日,蒋风参与发起创建的中国儿童文学研究会成立大会在北京召开,蒋风被推选为第一副理事长。

6月6日,陈伯吹为蒋风题词:"蒋风同志,祝您在儿童文学理论上,好播种,好收获。"

11月,蒋风与王尚文选编的《小学生古诗选读》,由福建人民出版社出版。

本年,创建儿童文学研究室,聘请韦苇、黄云生等进入儿童文学研究室工作。

1981年(57岁)

2月26日至3月7日,中国少年儿童出版社和四川少年儿童出版社在成都联合召开儿童中长篇小说创作座谈会,蒋风应邀出席并发言。

3月29日,以渡边茂男为团长的日本儿童文学作家代表团访问中国,蒋风应邀赶往北京参加座谈会。

8月1日至15日,蒋风出席在莫干山召开的浙江儿童文学创作会议,利用会议间隙专程拜会在莫干山休养的巴金老人。

同月,建立儿童文学专业资料室。

10月,蒋风出席在杭州召开的鲁迅诞辰100周年纪念大会。又作为特邀代表出席在北京召开的全国民间文艺研究会首届年会,被中国民协吸收为会员。

1982年(58岁)

2月21日,蒋风应邀到长沙参加湖南少年儿童出版社成立庆典。

4月29日,《文艺报》在京召开座谈会,希望重视儿童文学创作,严文井、金近、葛翠琳、蒋风等应邀出席并发言。

5月，蒋风著《儿童文学概论》由湖南少年儿童出版社出版。1983年5月第二次印刷，1985年3月第三次印刷。1984年获浙江省1978年至1982年社会科学优秀成果奖专著一等奖，1988年获全国儿童文学理论评奖优秀成果奖，1990年获浙江省高校哲学社会科学优秀成果二等奖。

本月，蒋风参与编写的五院校协作教材《儿童文学概论》出版，1990年12月重印。

5月，艾青第三次回乡，蒋风陪同他到畈田蒋参观修葺一新的"大堰河之墓"。同时，浙江师院邀请艾青到学校讲学，蒋风参与接待。

6月15日，文化部少年儿童文化艺术司、辽宁省出版局等单位在沈阳联合举办"东北、华北地区儿童文学讲习班"，为期20天，蒋风等应邀参加讲课。

6月15日，浙江省人民政府下文批准将浙江师范学院金华分校并入浙江师范学院。在金华分校原址设浙江师院专科部，金华二中作为浙江师范附中。

6月22日，文化部少儿司在成都举办"西南、西北儿童文学讲习班"，蒋风随讲师团参加授课。

7月9日，为广州《少年先锋》杂志复刊一周年题词："未来是美丽的，你们是未来的一代，希望你们都有一个最美好的前程！"

10月，文化部少儿司在南昌举办全国儿童剧汇演，蒋风应邀

前排左起依次为：陈伯吹、黄庆云、郭风、蒋风、任溶溶

参加观摩研讨。

10月16日,邀请儿童文学"泰斗"陈伯吹到浙江师院讲学。

本年,浙江师范学院中文系儿童文学研究室举办第1届全国幼师、普师儿童文学教师进修班,招收全国22个省、市学员56人。蒋风和研究室韦苇、黄云生等执教,学期半年,于1983年1月结业。1984年、1987年又连续举办第2期、第3期,学员遍及25个省市,共140余人。其中有的已成为中等师范学校儿童文学教学的骨干,如郑光中、王赋春、张永峰、陈小敏、严新、王静宇等。

本年,蒋风加入中国共产党。入党介绍人是学校党委委员、中文系主任张永绵老师和中文系党总支书记程梦林老师。

1983年(59岁)

3月,蒋风、潘颂德编著的《鲁迅论儿童读物》由陕西人民出版社出版。

6月30日,蒋风为暑假毕业学生题词:"一个人来到这个世界上,总得为世界做点什么,即使是一星小花或是一棵小草。生命最大的意义就在于创造。愿你朝着这个目标,在生活的道路上迈开大步。"落款是"儿童文学研究室主任、副教授蒋风"。

6月,文化部在广州举办儿童文学讲习班,蒋风应邀前往讲学。

广州儿童文学讲习班儿童文学讲师团留影,后排左四为蒋风

7月,为广西《花朵》杂志创刊3周年题词:"没有花朵,世界就会黯然失色;没有理想,生活就会失去意义。"

同月,文化部在南宁举办儿童文学讲习班,蒋风应邀前往讲学。

7月20日至8月9日,文化部在湖南举办儿童文学讲习班,蒋风应邀前往讲学。主讲《近几年儿童文学的得失》《如何提高儿童文学的质量》两门课。

9月,蒋风主编的《中国传统儿歌选》由广西人民出版社出版。

同月,蒋风的第2届儿童文学硕士研究生王泉根、汤锐进校。

同月,蒋风负责聘戈宝权、陈伯吹、叶君健等8位著名学者、作家担任浙江师范学院儿童文学研究室的特邀研究员。

10月,应上海教育出版社邀请参加《小学语文教师手册》编写,负责儿童文学作家作品部分。

本年,蒋风在浙江师院中文系评上副教授。主编《中国儿童文学理论年鉴》。

1984年（60岁）

2月15日,浙江省委任命浙江师院改革后新一届领导班子,党委书记为方焕启,院长为蒋风。

4月1日,蒋风为《通天河（文学版）》1985年第1期题词:"为孩子们辛勤耕耘的园丁,人民是永远不会忘记的。"

4月13日至18日,浙江省作协儿童文学组举办童话创作座谈会,蒋风参与筹备工作并与会。

6月,文化部在石家庄召开"全国儿童文学理论座谈会",这是1949年以来第一次全国性儿童文学理论会议,蒋风与会发言。

同月,蒋风主编的《中国创作儿歌选》由广西人民出版社出版。

8月,江西少年儿童出版社在庐山举办为期10天的儿童文学讲习会,蒋风应邀授课。

同月,由蒋风院长提出,经班子研究讨论,修改补充形成《办好浙江师范学院的十条设想(草案)》,以油印稿形式上送有关领导,下发各系各部门。

9月24日,蒋风为《黄金时代》杂志题词:"青春之所以值得爱惜,就因为它有前途。年轻的朋友啊,要珍惜自己的黄金时代。"

10月,蒋风应邀担任编委出席在四川灌县召开的《儿童文学辞典》第一次编委会。

10月28日至31日,全国中师、幼师儿童文学教学研究成果交流会在浙江师院召开,来自全国各地的中师、幼师学校教师,以及上海、江苏、浙江等地的少儿出版社和上海美术电影制片厂的专家编辑共80多人与会。戈宝权、叶君健、陈伯吹等发来贺电。

11月9日,蒋风向省人民政府正式呈报《关于将我院改名为浙江师范大学的申请》。

11月24日至25日,我国首次儿童文学硕士学位论文答辩会在浙师院举行,蒋风的第1届儿童文学硕士研究生吴其南、第二届硕士研究生王泉根、汤锐的学位论文答辩,全部全票通过,发给杭州大学学历学位证书。吴其南的学位论文题目是《论柯岩的儿童诗》,王泉根的学位论文题目是《现代儿童文学的先驱》,汤锐的学位论文题目是《论张天翼的早期儿童文学创作》。吴其南到温州大学中文系工作,王泉根到重庆西南师大中文系工作,汤锐到中国少年儿童出版社工作。

12月18日至21日,浙江省社会科学界联合会成立,蒋风被选为省社联副主席。该会首次评选浙江省1978—1982年的社会科学优秀成果奖，蒋风的专著《儿童文学概论》获一等奖。

1985年（61岁）

1月，中国作家协会第四次全国代表大会在京召开，蒋风被选为代表出席。

1月11日至12日，浙江师院召开首届教职工代表大会，蒋风校长作题为《锐意进取，同心同德，全面开创我院新局面》的工作报告。这次大会，为更名浙江师范大学做了积极的思想准备。

1月31日，蒋风为《小学生天地报》创刊题词："让孩子们在大千世界里茁壮成长。"落款为"儿童文学理论家、浙江师范学院院长蒋风"。

2月13日，浙江省人民政府下达浙政发[1985]28号文件，批准同意将浙江师范学院改名为浙江师范大学。

蒋风担任浙江师范大学首任校长。

同月，蒋风著《儿童文学漫笔》，由贵州人民出版社出版。

3月27日，隆重举行学校改名大会。会上，蒋风校长正式提出把"唯实"作为浙江师范大学的校训，这是浙江师范大学校史上第一次提出校训。

4月15日，蒋风为《少年作家》创刊题词："真正美的事物总是跟理想一致的，立志当一名作家，就要从小树立崇高的理想，培养健康的审美情趣；为了寻找美，可以贡献自己毕生的精力。"

5月1日，蒋风为《童话报》创刊题词："生活有时会枯燥，童话却永远充满无穷的乐趣，这里是一个无比美好的世界。"

7月，蒋风应福建省教育厅邀请，率儿童文学研究室全体教师、研究生到泉州参加该省举办的儿童文学教师进修班。

7月20日至26日,文化部召开全国儿童文学理论研究规划会议,蒋风应邀并带研究生方卫平、章轲前往昆明出席会议。

9月,蒋风当选金华市第1届人民代表大会代表。

同月,由蒋风倡议,浙江师大儿童文学研究室主编的《中国儿童文学理论年鉴》(1983)在浙江少年儿童出版社出版。

10月19日至11月11日,历时22天。受国家教委选派,蒋风参加中国省地方院校代表团赴美考察访问团。

1986年(62岁)

1月8日,浙江师大与福建师大、山东师大、上海师大、安徽师大、江西师大等华东地区省(市)属7所师范大学建立校际协作关系。蒋风参加在安徽师大召开的第一次校长协作会议。

蒋风校长(后排左二)倡议的华东省属师大校长协作会议在安徽师大召开

3月,中国出版工作者协会幼儿读物研究会在石家庄成立,蒋风应邀在会上作《从皮亚杰学说看幼儿文学的基本特点》的讲座。

5月6日至13日,蒋风应邀出席由文化部、中国作协在烟台召开的"全国儿童文学创作会议"。

5月30日,浙江省举办从事儿童文学著译30年作家表彰大会,表彰了吕漠野、蒋风等18人。

8月,应国际童书联盟(IBBY)东京大会会长永井道雄和大会执委会委员长渡边茂男邀请出席大会,因签证延误,飞抵东京时已是闭幕式的前一晚深夜,未去报到便折返大阪,参加在日本大阪市国际儿童文学馆召开的"儿童文学国际研究会议",蒋风在会上作《着眼于未来》专题发言。会后应日本儿童文学学会邀请召开恳谈会,作《中国儿童文学的现状及其存在问题》的专题演讲。

同月,蒋风著《儿童文学概论》(维吾尔文)由新疆人民出版社出版。

10月3日,浙江师大隆重举行建校30周年校庆大会,蒋风校长在会上作题为《继往开来,把握方向,办好浙江师范大学》的报告。

10月30日至31日,著名诗人、儿童文学作家柯岩应蒋风邀请来校讲学,并聘为客座教授。

11月8日至12月2日,蒋风应邀出席四川外国语学院在重庆召开的外国儿童文学座谈会。

12月26日,蒋风为母校金华师范附小成立70周年题词:"一切发生的事情都会衰老,一切发展的事物都会灭亡。只有你永不衰老,更不会灭亡,因为你孕育希望,在培养无限美好的未来。你将永远年轻。"

本年,蒋风晋升为教授。

1987年(63岁)

2月27日,中文系儿童文学研究室主办第3届全国儿童文学教师进修班。

4月8日,蒋风收到巴黎国际儿童文学学会秘书长珍妮·科帝戈德弗雷的来信,被批准为国际儿童文学学会会员,成为该会第一名中国籍会员。

6月,蒋风主编中国第一部《中国现代儿童文学史》,由河北少年儿童出版社出版。

8月,金华县召开文代会,蒋风当选名誉主席。

8月8日,蒋风为金华四牌楼小学文学社的《花瓣》题词:"好奇的目光,常常可以看到比他所希望看到的东西更多更美。丰富的想象,往往可以使自己笔下生花,让好奇心和想象力在你们的花瓣上闪光吧。"

11月16日至29日,蒋风邀请日本儿童文学著名学者鸟越信教授来浙江师大为研究生讲授《日本儿童文学史》课程。

12月25日,蒋风主持浙江师大邵逸夫图书馆奠基典礼。

本年,蒋风应西德国际青少年图书馆邀请出席该馆召开的首届儿童文学国际学术会议,因故未能出席。

1988年(64岁)

1月8日,蒋风卸下校长职务。

同月,蒋风当选第6届浙江省政协委员,并出席第一次会议。

2月,蒋风受聘中国作协首届全国优秀儿童文学奖评委,并出席评委会。

8月,蒋风应新加坡歌德学院和新加坡作家协会联合邀请,出席"狮城第2届世界华文文学世界大同会议",在会上作《中国儿童文学如何走向世界》的发言。

10月,蒋风应邀赴山东烟台出席全国儿童文学创作发展趋势研讨会。

11月,蒋风主编的《中国现代儿童文学史》获全国儿童文学理论评奖优秀专著奖。

12月,蒋风主编的《中国儿童文学大系·理论卷》(一)(二),由希望出版社出版。

本年，浙江师范大学中文系儿童文学研究室扩建为儿童文学研究所，蒋风任首任所长。

蒋风受聘华南师范大学客座教授、安徽师范大学客座教授、暨南大学客座研究员。

1989年（65岁）

8月，在合肥举行"皖台儿童文学交流座谈会"，蒋风和叶君健等参加。这是海峡两岸儿童文学界的首次历史性聚会。5年后（1994年5月28日至6月7日），大陆儿童文学学界一行14人应台湾海峡两岸儿童文学研究会邀请，回访台湾进行儿童文学交流。

10月2日，蒋风为金华八中学步文学社题词："学步是为了奠基，打好基础就应该有超越前人的勇气，否则永远到达不了光辉的顶点。"

10月8日，蒋风为《蒲公英》儿童文学报题词："蒲公英即使在最贫瘠的土地上，也能发芽、生根。它默默地开花，从不炫耀自己。"

12月30日，蒋风为《金色少年》题词致读者朋友："如今，我只惋惜一件永远无法弥补的事，把一生最值得珍惜的金色年华轻轻地放过，以至没能为社会作出较好的贡献，成了一个平庸的人。但是再也不能换它回来了，真是后悔莫及。少年朋友们，希望你们好好利用时间，要抓住这个金色的少年时代，千万别让它悄悄溜走。"

12月，蒋风受安徽师大邀请，作为期一个月的儿童文学讲学。

本年，蒋风主编的《中国现代儿童文学史》获1989年浙江省哲学社会科学二等奖。

1990年（66岁）

2月1日，蒋风为《少年文艺》杂志题词："从文艺中认识生活，学会战胜生活的本领，实现自己的抱负，并让它发出万丈光芒。"

2月7日，蒋风为《少年文学报》题词："少年是人生的黄金时代。你们年轻，在充满着希望的阳光照耀下，人世间有数不尽的奇迹等待你们去探索，去发展，去创造。文学不仅能帮助你们懂得真、善、美，也许是你们探索道路上的一盏明灯，也许是你们发现奇迹的一枚指南针，也许是你们创造未来的一名向导。"

6月，蒋风主编的《中国儿童文学大系·诗歌卷》（一）（二）由希望出版社出版。

7月，蒋风主编的《世界著名童话鉴赏辞典》由江苏少年儿童出版社出版。

7月18日，蒋风为《青少年日记》的读者题词："随着岁月的推移，日记将成为你自己最好的导师。"

7月20日至30日，蒋风参加在浙江南浔宾馆召开的省作协儿童文学创作年会。

8月，蒋风应韩国李在彻教授邀请，以观察员身份出席在汉城召开的韩日儿童文学研讨会。蒋风倡议将该会扩大为亚洲儿童文学研讨会或亚洲儿童文学大会。李在彻接受建议，重发通知，首届亚洲儿童文学大会于8月9日至12日在汉城召开。但蒋风因签证赶办不及，未能出席。

8月30日，蒋风为《金色少年》杂志创刊20周年题词："金色少年是金色的阶梯，沿着它上去，就是一个金色的智慧世界。"

9月，蒋风被聘为中国民间文学集成浙江卷总编委会副总主编。

10月13日至15日，蒋风应邀参加在日本大阪举行的首届"日中儿童文学研讨会"，蒋风、鸟越信等8人作会议基调发言。蒋风发言题目是《1919—1959年在"光荣荆棘路上"跋涉——中国现代儿童文学40年的足迹》。这是蒋风第二次去日本。

同月，蒋风向日本朋友家野四郎推荐董宏猷的《一百个中国孩子的梦》翻译成日文出版，并亲自为日译本作序《中日儿童文学交流的一朵浪花》。

11月4日，蒋风为《小学生阅读报》题词："书籍是世界进步的最佳养料。生活中要是没有书籍，人类文明就将黯然失色。从小学会读书，养成读书的习惯，生活就会更有光彩，人生也将更有意义。"

12月，蒋风主编的《新编文史地辞典》，由浙江人民出版社出版。

本年，中国现代文学（包括儿童文学）被省政府批准列为重点扶植学科。

本年，蒋风担任浙江师范大学图书馆（邵逸夫图书馆）名誉馆长（1990-1994）。

1991年（67岁）

6月，蒋风参加合著的《儿童文学辞典》，由四川少年儿童出版社出版。

6月18日至21日，蒋风应新加坡国立大学中文系之邀，出席该校召开的"汉学研究之回顾与前瞻国际会议"，并在会上作《40年来中国儿童文学研究》专题演讲。

7月，应新加坡教育部课程发展署之邀，为该署全体语文课本编写者作《谈谈儿童文学》的讲座。

同月，蒋风、韦苇招收的1991届儿童文学硕士研究生汤素兰毕业，到湖南少年儿童出版社工作。

8月，蒋风主编的《中国当代儿童文学史》，由河北少年儿童出版社出版。

8月18日至22日，蒋风参加在金华望江宾馆召开的第11次省作协儿童文学创作委员会会议。

8月25日至28日，蒋风应邀赴京出席艾青作品国际研讨会。

10月，马来西亚《新明少年》以三个版面介绍"蒋风及其作品"。

11月2日，1990—1991年光华基金会奖学金在杭州大学举行颁奖仪式，浙江师范大学中国现当代文学专业儿童文学方向研究生韩进获硕士研究生单项奖。

本年，蒋风主编的《中国儿童文学大系·理论卷》获第5届中国图书奖二等奖。

本年，国际儿童文学学会第10届年会在巴黎举行，蒋风因经费原因未能与会。巴黎年会以后，学会陆续吸收刘先平、韦苇等人入会。此前蒋风为中国籍唯一会员。

1992年（68岁）

8月，蒋风主编的大型儿童文学工具书《世界儿童文学事典》由希望出版社出版。这是一部涵盖中外古今儿童文学的知识性专业工具书。受到日本儿童文学理论家鸟越信教授的高度评价。获得"冰心优秀儿童图书奖"。

10月，蒋风被中国作协聘为第2届（1986—1991）全国优秀儿童文学评奖委员会评委，并参加12月在京举行的评奖工作。

11月，出席"叶圣陶文学创作研讨会"。

12月15日，省教委公布1990—1991年度浙江省教委哲学社会科学优秀成果奖和科技进步奖评审结果，蒋风著作获三等奖。

1993年（69岁）

2月12日，省人事厅、省教委下文，蒋风等3位教授享受政府特殊津贴（从1992年开始）。这是浙江师大校史上首次享此殊荣。

3月，应日本大阪国际儿童文学馆之聘，蒋风担任该馆教授级客座研究员，作为期6个月的中日儿童文学交流之研究。这是蒋风第三次去日本，后完成5万字的《中日儿童文学交流的回顾与前瞻》书面报告。

4月1日，蒋风为《小学生之友》题词："因为知识——能使得人生的道路不再单调、狭窄，也能从中获得更多的生活勇气。"

6月，蒋风主编的《儿童文学教程》由希望出版社出版。

7月，蒋风、韦苇招收的1993届儿童文学研究生韩进、侯辛华、丁卓芬3人毕业，发给杭州大学学历学位证书。韩进到安徽少年儿童出版社工作、侯辛华到古吴轩出版社工作，丁卓芬到浙江上虞市政府办公室工作。这是蒋风指导的最后一届儿童文学硕士研究生。

7月18日，蒋风应邀参加第4届国际格林奖颁奖纪念会并作纪念演讲，题为《为了孩子，为了未来——祝贺鸟越信先生荣获国际格林奖》。

7月25日，应日本中国儿童文学研究会邀请在关西例会上作《中国近年来童话创作的创新与突破》的专题报告。

8月24日至28日，应邀列席第4届环太平洋儿童文学大会，并在会上作《中国儿童的读书环境》的发言。

8月28日至30日，参加在日本宗像市举行的第2届亚洲儿童文学大会。

8月31日至9月4日，应韩国儿童文学学会邀请，出席首届中韩儿童文学讨论会。

9月5日，蒋风应韩国诗人许世旭之邀，参观他工作的高丽大学。

9月6日，赴韩国檀国大学讲学，作《中国近年来童话创作的发展》的特别演讲。

10月，日本友人鸟越信教授想把他的著作译成中文介绍给中国读者，蒋风从中选了一本《世界名著中的小主人公》并约请姜群星、刘迎译翻译，经蒋风努力于1993年10月在新世纪出版社出版。

10月28日，蒋风为《儿童文学信息》报创刊题词："沟通信息，发展儿童文学事业，为下一代儿童造福。"《儿童文学信息》报第1期于本年11月出版。

同日，蒋风为《文苑报》题词："知识之峰登上越高，在你眼前展现的风景就越美越壮阔。"

12月14日，国务院学位委员会学位[1993]40号文下发，浙江师大被列为新增硕士学位授予单位，授予硕士学位的学科、专业为马克思主义理论教育（马克思主义原理）、中国古代文学。这是浙江师大硕士授予点零的突破。

同月，蒋风获曾宪梓1993年度高等师范院校优秀教师三等奖。

本年，参加中国作协第2届全国优秀儿童文学奖评奖后拜

在柯岩家拜访时留影,左起为肖平、柯岩、蒋风、陈子君

访著名儿童文学作家、诗人柯岩。

本年,蒋风主编的《世界儿童文学事典》获第3届冰心优秀儿童图书奖。蒋风作为学术带头人的"儿童文学人才培养及系列教材建设"获得高校优秀教学成果一等奖。

1994年(70岁)

1月20日,蒋风为《作文之窗》(小学版)创刊题词:"作文之窗,成才之途。"

4月3日,蒋风为江津师范儿童文学基地建立题词:"为了孩子的明天,儿童文学是最有希望的事业。"

同月,接芬兰儿童文学学会与著名儿童文学作家托芙·扬松电话之邀请,出席8月7日至10日在坦尼尔举行的"托芙·扬松作品研讨会"。蒋风提交大会发言论文。

5月23日,应香港浸会大学冯瑞龙博士邀请去该校作《中国儿童文学的历史和现状》演讲。

5月25日,应香港大学邀请,在港大亚洲文化研究中心作《中国儿童文学的历史发展》演讲。

5月28日至6月7日,应台湾"海峡两岸儿童文学研究会"邀请,蒋风、韦苇等大陆儿童文学界一行14人,飞赴台湾进行两岸儿童文学系列交流活动,这是大陆儿童文学界首次赴台交流。蒋风在会上发表题为《情·象·境·神——从中国诗艺美学传统看海峡两岸儿童诗》的演讲。蒋风还应邀到台东师大讲学。韦苇老师荣获台湾"杨唤儿童文学特殊贡献奖"金像奖。

11月8日,蒋风赴浙江上虞市参加儿童文学作家金近陈列室落成典礼。

本年,蒋风主持《儿童文学教材建设及人才培养》项目获浙江省教委1994年度教学研究成果一等奖。

本年底离休,同时卸任浙江师范大学图书馆(邵逸夫图书馆)名誉馆长。

1995年(71岁)

为发挥余热,蒋风在浙江金华创办"中国儿童文学研究中心"。作为一个民间性质的学术研究机构和办学机构,挂靠在金华市民间机构的"中国经济文化研究院"。开始义务招收两年制"非学历儿童文学研究生"。至今已经招收24届,共600余人。学员以自学为主,每年面授一次,结合举办全国师范院校儿童文学讲习会进行。同时,蒋风自费创办《儿童文学信息》报,免费赠送儿童文学界朋友。

1月6日,浙江省浙教高二[1995]10号文下发,经浙江省人民政府批准,中国现当代文学学科(含儿童文学)确定升级为重点学科。本年,该学科(含儿童文学)开始自主招收硕士学位研究生,发给浙江师范大学学历学位证书。这是浙江师大儿童文学专业第一次获得硕士学位授权。

3月3日,蒋风向金华市少年活动中心和苏州市青少年活动中心各捐赠图书500余册,资助建设儿童阅览室。

5月至6月,蒋风多次与英国儿童文学作家霍格德书信来往,互赠照片和著作,并将他的儿童小说《小鱼儿》译成中文在《儿童文学信息》上发表。

6月1日，蒋风自费出版的《儿童文学信息》报"创刊号"出版，臧克家题写报名，批准内刊号为"（金宣）内字1—0030号"，为8开4版报纸。

11月，蒋风出席在上海召开的第3届亚洲儿童文学大会，在会上作《激动人心的期待——经济腾飞给中国儿童文学带来什么》的发言。

12月18日，蒋风应香港大学教育学院之邀，赴该院作《儿童文学与儿童教育》的专题讲演。

1996年（72岁）

4月，蒋风出席在南京召开的第8届世界华人文学研讨会，在会上作《走向21世纪的香港儿童文学》的发言。

5月中旬，蒋风与夫人到山西太原参加儿童文学笔会，会后参观张学良公馆旧址。

7月12日至17日，蒋风主持的"中国儿童文学研究中心"与青岛幼儿师范学校联合举办"96全国儿童文学讲习会"；同时中国儿童文学研究中心首届非学历儿童文学研究生第一次面授在青岛举行。首届两年制非学历儿童文学研究生招收学员37名。

8月23日至27日，海峡两岸儿童文学研讨会在浙江师大召开，来自台湾、大陆等地的25名儿童文学界知名专家、学者参加本次研讨，世界华文儿童文学资料馆馆长、海峡两岸儿童文学研究会首任会长林焕彰先生向大会致辞。蒋风参加交流活动。

12月，蒋风主编的《玩具论》由希望出版社出版，填补了玩具理论研究的空白。2011年修订再版，荣获第2届中国出版政府奖。

12月25日至27日，韩国诗人许世旭来访，蒋风陪同参观艾青故居及李渔故乡遗迹。

从本年开始，蒋风不再担任浙江师大校级儿童文学研究所所长，由方卫平教授接任。

1997年（73岁）

4月21日，蒋风为《星星报》创刊号题词："提升素质教育质量，托起明天的太阳。"

5月15日至16日，蒋风主持的"全国儿童文学讲习会"在金华火车站金发大厦举办，蒋风为学员们主讲题为《东西方文化碰撞下的中国儿童文学》的讲座。

8月19日，蒋风、韦苇应邀参加在韩国召开的"世界儿童文学大会暨第4届亚洲儿童文学大会"。蒋风获得亚洲儿童文学大会共同副会长推戴奖，并在大会作题为《东西方文化撞击下的中国儿童文学》发言。

9月，蒋风的《我还有一个未圆的梦》发表在《儿童文学研究》第3期，呼吁创建"中国儿童文学馆"。

11月，蒋风出席在北京召开的"97世界华文文学研讨会"，提交《展望繁花似锦的东南亚华文儿童文学》大会论文。

同月，蒋风获全国艺术科学文艺研究一等奖。

12月，蒋风出席在厦门大学召开的以"世纪之交的东南亚华文文学"为主题的研讨会，应邀作《东南亚华文儿童文学的现状和未来》的专题发言。

本年，蒋风获得"在《中国民间文艺集成》（国家艺术科学研究项目）浙江省市县编纂工作中成绩突出的先进工作者"荣誉称号。

1998 年（74 岁）

1月，蒋风著《海外鸿爪录》由希望出版社出版。

4月，蒋风主编、韩进副主编的《儿童文学原理》由安徽教育出版社出版。

4月22日，蒋风给鲁兵诗社小诗友题词："诗是一支魔笛，能带领我们走进童话般真善美的王国。"

6月26日，浙江师范大学第4届学位评定委员会召开第一次全体会议，会议审议通过了《浙江师范大学学位授予工作细则（试行）》，并举行浙江师范大学首届硕士学位授予典礼。1998届儿童文学研究生平静等5位同学被授予浙江师范大学硕士学位。

9月，"国际格林奖"改组评委会，蒋风接替已故的陈伯吹，入选由9人组成的评委会，成为唯一的中国籍评委。该奖是目前世界上最具权威的儿童文学研究奖。

9月15日，经国务院批准，浙江大学、杭州大学、浙江农业大学、浙江医科大学合并组建为新的浙江大学，与浙江师范大学校史有密切关系的杭州大学成为历史。

9月30日，蒋风为"破土文学社"题词："破土幼芽，生机盎然。"

10月，蒋风、韩进著《中国儿童文学史》，安徽教育出版社出版。蒋风执笔《绪论》《后记》部分。

12月1日，蒋风给儿童文学报《摇篮》题词："时间的脚步决不会因你的哀求而暂停片刻的。在你生活的道路上，只有一个关键的时刻，那就是现在。放弃现在，你就会失去一切。"

12月，浙江师范大学党委宣传部在全校举行"浙江师范大学改革开放十大成就、十件大事"评选活动，其中"十件大事"中有4件与蒋风有直接关系：一、1979年中文系蒋风老师开始招收儿童文学研究生；二、1985由"浙江师范学院"改名为"浙江师范大学"；三、1986年浙江省高等师范学校数字培训中心在浙江师大成立；四、1989年邵逸夫图书馆落成。

本年，蒋风参与主编《中国著名儿童文学作家评传系列》，由希望出版社于1998—2003年陆续出版。

1999年（75岁）

1月，蒋风主编《幼儿文学教程》《幼儿文学作品选》由南京东南大学出版社出版。

3月3日，蒋风为洛阳市儿童文学学会题词："儿童文学是人类的明天，明天总是充满希望的。因此，儿童文学是最富生命力的事业。"

3月16日，蒋风为儿童文学作家饶远的"环保科学童话评论集"出版题词："环保科学本来就是个魅人的天地，你用心血为她抹上了几笔绚丽的色彩，为孩子创造了一个幻想的世界，跨进她的门槛，连我这古稀之年的老人仿佛也无法抗拒她的魔力。"

6月14日，蒋风获台湾第8届"杨唤儿童文学奖特殊贡献奖"。

8月，全国幼师、普师儿童文学教学研究会第7届会议在重庆举行，蒋风应邀出席。

12月，蒋风应邀到厦门大学参加"东南亚华文文学的回顾与展望"研讨会。

2000年（76岁）

1月4日至13日，应香港何万贯教授邀请，蒋风参加在香港举行的"迎接儿童文学的春天"的学术研讨会，主讲三场专题讲座，包括《中西儿童文学比较》《张天翼——叶绍钧之后最引人注目的新星》《怎样指导小朋友写诗？》。

2月，应邀到香港大学讲学10天，接受香港《大公报》记者月尧采访，于2月21日《大公报》整版发表《发现生活中的美——著名儿童文学理论家蒋风先生谈指导儿童文学创作》。

6月，获台湾小白屋诗社第6届幼儿诗荣誉奖。

6月10日，蒋风为《小风铃》创刊题词："叮当叮当，这几声清脆悦耳的铃声，伴随你成长，将永远留在你的记忆里。"

7月，中央电视台四套《中国各地》栏目连续两天播出记者采访报道《蒋风的追求》。

8月8日，蒋风为公德小学《岩河诗报》小诗人题词共勉："诗的花朵只有付出劳动才会绽放。"同日，为《黄金时代》复刊题词："人生是短暂的，作为生命的黄金时代，更值得珍惜，要不虚度年华，就得让自己生命时时闪光。"

8月12日，蒋风为千岛湖镇第一小学的小诗人题词共勉："真正的诗是心底唱出的歌，写诗就应该通过自己的心写，才能感动别人。"同日，蒋风为江滨小学的小诗人题词共勉："诗是表现感情的，没有感情就不是真正的诗。"同日，又为"青青草"诗社小诗人题词共勉："诗不可缺少情感，没有情感的诗，即使语言再华丽，也是苍白的。"

8月27日，教育部公布了《学位授予单位（不含军队单位）自主设置二级学科和交叉学科名单》（截至2020年6月30日），浙江师范大学儿童文学作为交叉学科正式获批，是中国第一个教育部批准设立的以"儿童文学"命名的交叉学科。

9月23日,蒋风在长沙为《21世纪小学生》报题词："读得多，写得多；读书要选精，作文要求新。"

9月30日，蒋风为《宁波少年》创刊题词与少年读者共勉："世界是如此美丽，让我们珍惜时间、珍惜生命，通过自己的艰苦奋斗，使明天的世界更加多彩。"

10月24日，蒋风为《花瓣》报创刊题词与《花瓣》文学社小朋友共勉："一个人追求的目标越高，他的才能就会发挥得越好，进步更快，对社会的文明建设也就越有益。"

10月30日，蒋风为《语文小报》题词："语文是个丰富多彩的世界。在一切语文中，甚至最平常的语言文字，也蕴藏着歌唱的韵味。关键是要认真学习，刻苦磨砺，才能熟练地掌握并写出动人心魄的好文章。"

2001年（77岁）

蒋风应邀到香港中文大学作为期10天的讲学，主讲《中西儿童文学之比较》。

4月，赴香港，为香港"非学历儿童文学研究生"上辅导课。

4月15日，蒋风为《童话》小读者题词："童话有一种理想的、极致的、超凡的美，希望每一位小读者受到童话的熏陶后，也都有这样理想的、极致的、超凡的美，努力把明天的世界建设得更加美好。"

8月10日，蒋风在浙江桐乡为缘缘文学社的少年朋友题词共勉："每一个明天都是希望。缘缘文学社定会使石门中学的明天更加辉煌。"

8月21日，蒋风为海贝文学社题词与小社友共勉："散落在海滩上的小贝壳，虽不那么显眼，但总会有那么几颗闪耀着迷人的光彩而被人珍藏。"

8月26日，蒋风为祝贺韩国儿童文学家李在彻教授古稀华诞暨韩国《儿童文学研究》100期大庆题词："学界泰斗，文坛风范，千秋伟业，万代芬芳。"

9月18日，蒋风为《老许寓言》出版题词："寓言里总是包含着很多的智慧，它能猜透一切生活之谜，把人们从愚昧无知中解放出来，使自己永远立于不败之地。"

11月12日，蒋风为幼芽文学社小社友题词共勉："每一棵幼芽的生命力都是惊人的。她能在最贫瘠的土地上，冲破一切艰难险阻，满蕴着蓬勃的生机，最后成长为一棵参天的大树。"

同月，中国寓言文学研究会第8届年会在长沙举行，蒋风应邀到会，作题为《少年儿童眼中的寓言》专题讲座。

12月4日，蒋风为文川文学社少年朋友题词共勉："文学能使我们在不美的世界里看到美，用坚定不移的意志去创造美，使我们所生活的世界更加完美。"同日，为涉江文学社少年朋友题词共勉："书是人类进步的阶梯，文学则可帮助我们在阶梯上攀登时，走得更加轻松愉快。"

本年，浙江省杭州幼儿师范学校、浙江师范大学（杭州幼儿师范学院）、浙江财政学校并入浙江师范大学。

本年，蒋风在金华市青少年宫成立"蒋风儿童文学院"，成为金华地区重要的儿童文学创作社团，是青少年成就文学梦想的殿堂。

蒋风与儿童文学院的小作家在一起

2002年（78岁）

1月14日，蒋风为延边大学儿童文学研究所成立5周年题词祝贺:"五度春秋,成绩斐然;展望明天,前程灿烂。"

1月,金华电视台播出"蒋风爷爷教你学写诗"。

同月,第3次赴香港中文大学讲学。

5月10日,蒋风为铁岭市儿童文学学会成立题词祝贺:"儿童文学本来就和儿童一样充满生命力,就和文学一样有魔力。她能使人变得年轻,她能使人入迷,值得我们好好研究,为她付出毕生的心血。"

7月4日至15日,蒋风第一次应邀赴马来西亚巡回讲学,先后在麻坡、吉隆坡、关丹讲学。

7月20日,蒋风为《黄山青少年》题词:"青少年是人生最美妙的阶段,明天的希望和幸福,就靠这阶段奠基和建造。谁懂得珍惜和善加把握,谁就能获得美好的明天。"

8月,赴大连出席第6届亚洲儿童文学大会,在会上作《从口水吐向安徒生到哈里·波特热》的发言。

9月18日至24日,蒋风应邀赴包头师院讲学。

同月,蒋风被香港儿童文艺协会聘任为该会主办的儿童诗歌创作比赛评审顾问。

10月,蒋风著《儿童文学史论》,由希望出版社出版。

11月12日,蒋风为内蒙古包头市一家幼儿园题词:"人生是一曲交响乐,幼儿园就是它最美妙悦耳的序曲。"

本年,原"全国普师、幼师儿童文学教学研究会",改名为"全国师范院校儿童文学教学研究会",蒋风被选为终身名誉会长。

2003年(79岁)

1月1日,蒋风为《儿童文学信息》新年第一期(总第23期)题词:"爱充满着生命、充满着快乐、充满着希望,在新春来临之际,让新春的第一道霞光带着我最衷心的祝福。"

1月10日至19日,蒋风应邀到香港中文大学和香港教育学院讲学,并出席香港教育学院举办的"儿童文学与语文教学研讨会"。

8月,蒋风主持的第8届"全国儿童文学讲习会"在浙江武义举办。

9月16日,蒋风为新疆人民出版社《儿童文学经典导读》出版题词祝贺:"在许多经典作品中,心灵总能找到存放大量东西的空间。"

10月19日,第6届宋庆龄儿童文学奖在北京揭晓,本届新增设"特殊贡献奖",授予蒋风、浦漫汀、任溶溶、束沛德4位儿童文学前辈。蒋风作为获奖代表接受中央电视台儿童节目主持人董浩的现场采访。

11月21日,金华市文联、作协联合主办庆祝蒋风教授文学创作与研究60年学术座谈会。《金华日报》记者王健、胡国洪采写的侧记《他是一部中国儿童文学史》在《金华日报》2013年11月23日刊发。

11月23日,马来西亚《星洲日报》发表该报记者采访的《蒋风有个未圆的梦》,此后该报又先后发表《分享蒋风的儿童文学世界》《儿童文学该具四条件》《蒋风畅谈儿童文学路》《蒋风:写作营只是一小步,要写好诗该多练习》《儿童文学创作应有新方向》《蒋风爷爷说儿童文学》《为什么要为儿童写作》等连续一个月的跟踪报道。

12月15日,蒋风为《明天会更好》征文作品选出版题词:"希望像夜空的星星那样难以计数,明天的道路也永远没有尽头。儿童是人类的希望，儿童的明天也永远无限美好。"

同月，应邀赴马来西亚作第二次儿童文学全国巡回讲学，在马来西亚关丹社会大学开设"儿童文学理论与实践"课程。

2004年（80岁）

2月29日，蒋风为中国延边朝鲜族儿童文学学会创立大会召开题词祝贺："孩子们的未来永远是光辉灿烂的。为孩子们而工作的事业，也是无往不胜的。"

3月3日，蒋风为延边大学儿童文学研究所成立7周年题词祝贺："为孩子们流血汗是值得赞美的。希望每一年的播种都有丰硕的收获。"

3月25日至28日，首届中国艾青诗歌节在浙江金华举行。诗人贺敬之来金华参加诗歌节，特地到蒋风家做客。

4月6日，蒋风为雏鹰文学社小朋友题词："一切用自己辛劳和血汗换来的东西，都是甜美的，值得珍视的，付出的辛劳和血汗越大，就会感到越甜美，收获也就越值得赞美。"

4月13日，北京师范大学成立"中国儿童文学研究中心"，蒋风被聘为兼职研究员。

5月23日，第5届浙江鲁迅文学艺术奖举行颁奖典礼，蒋风荣获"鲁迅文学奖突出贡献奖"。

7月，蒋风应邀出席在东阳横店举行的第8届中国国际儿童电影节。

7月18日，蒋风为浪花诗社小诗人题词共勉："生活本身就是一阕旋律优美的交响曲，儿童诗便是其中一个最悦耳、最动听的音符。"

8月4日至9日，第7届亚洲儿童文学大会在日本名古屋举行，蒋风应邀参加会议。蒋风获亚洲儿童文学学会共同会长推戴奖，连任"国际格林奖"评委会评委，为唯一的中国评委。

8月20日，蒋风为《嘉阳小作家》创刊2周年题词祝贺："生命，渴望耕耘；成长，渴望耕耘；沿着生命的脉络，沿着成长的轨迹，勇往直前，去耕耘这片生机的土地。坚定不移，去耕耘永远开发不尽的自己。我们的生命,会在耕耘中变得郁郁葱葱；我们的明天，会在耕耘中变得更加美丽！"

8月22日，蒋风为童心诗社小诗人题词共勉："人的想象力是没止境的，儿童的想象更是无边无际，没有想象力便没有诗。让孩子们的丰富想象力发挥出来，便是一首首优美的诗。孩子是天生的诗人，只要稍加引导，便能写出童心盎然的小诗来。"

12月12日，蒋风为花蕾诗社小诗人题词共勉："没有美，便没有诗。但诗仅仅具有美是不够的，还必须有一种魔力，能按作者的愿望去撼动读者的心灵。"

12月15日，蒋风被浙江省关心下一代委员会评为"浙江省关心下一代先进个人"。

12月28日，蒋风为母校绣湖小学百年校庆题词祝贺："无论是稚嫩的小草，还是参天的大树，它的成长都离不开培育它的一方沃土。绣湖小学是培育我成长的最初沃土，永远留在我感恩的记忆里。"

2005年(81岁)

1月1日，蒋风为《小荷》的小作家、小诗人题词共勉："小荷才露尖尖角，是最美好的时刻，多么值得珍惜，这样美好的时刻在人的一生中，只能持续一个短暂的时间，很快就会消逝，一去不复返。所以,小荷的美丽,只属于那些永远力争上游的孩子。"

1月2日,蒋风为天津《金摇篮儿童诗报》创刊题词:"诗是一种美化世界的艺术,她能使万物化成美丽,本来就如诗一样美的孩子,在诗的熏陶下,定会变得更美更聪明。"

同月,蒋风获第10届"国际格林奖"提名奖。

2月,周更武主编的《守望的情结——蒋风的儿童文学世界》,由香港新天出版社出版。

2月28日,蒋风为日本著名儿童文学家鸟越信教授光荣退休题词祝贺:"儿童是人类的未来,儿童文学事业是最有希望的事业,荣耀归于将毕生奉献给儿童文学事业的人。""枫叶把整个青春献给了太阳之后,它就具有太阳的色彩了。您把整个生命奉献给儿童文学教育事业,您也就有了太阳的光彩。"

3月,蒋风主编的《幼儿文学概论》,由希望出版社出版。

5月,蒋风出席在青岛召开的"中国原创儿童文学的现状与发展趋势研讨会"。

6月4日,蒋风为柳芽文学社小朋友作诗共勉:"今天/你还是一片嫩绿/相信,明天/就会用生命/撑起一树浓荫/给自己,也给别人/遮阴纳凉/大地,有了你的存在/将会更加/美丽"。

6月12日,中国关心下一代工作委员会和中央精神文明建设指导委员会发文表彰全国关心下一代工作先进集体和先进工作者,蒋风被评为"全国关心下一代先进工作者"。

6月24日,浙江师范大学成立儿童文化研究院,是浙江师大第一个完全独立的科学研究机构(处级)。作为人文社科类综合性研究机构,研究院计划设立儿童文学研究所、儿童传播媒介研究中心、儿童道德建设研究中心、儿童动漫与影视研究中心、儿童文化产业研发中心等下辖机构。儿童文化研究院以本校儿童文学学科和相关儿童文化领域的研究成果为基础，力求扩大研究领域，突出研究重点，走专兼职、校内外、产学研相结合的道路。将筹建国际儿童文学馆，创办院刊《中国儿童文化》，出版《儿童文化研究丛书》《儿童文学及儿童文化理论译丛》，策划逐年撰写《中国儿童研究报告》。院长梅新林，副院长方卫平、刘宣文。

6月28日，蒋风为张继楼从事儿童文学创作50周年题词祝贺："在过去、现在和未来都是美好的东西，那便是儿童文学事业。这是最有向往的事业！你为孩子们奉献自己的心血，已整整半个世纪，过去创造了美好，现在还在创造美好，将来一定更加美好。你的事业是美好的，你的成就也是美好的。其实，你的一生本身就是一件美好珍贵的作品。"

上半年开始，蒋风响应学校党委的号召，作为党员主动与学生联系，去学生宿舍与学生谈话谈心。

7月8日，蒋风在杭州望江山疗养院为第6届全国小诗人夏令营活动题词祝贺："让夏令营成为诗的摇篮，让孩子们生活在诗意中，儿童在这里写诗，诗在儿童笔下更灿烂。其实，儿童就是诗，诗就是童心。在夏令营生活中留下的，将是一段比诗更美好的回忆。"

7月16日，蒋风为《少年儿童故事报》"少年作家版"题词："做人要有理想。有了理想，生活才会有方向。理想是明天的希望。有了希望，生命才有力量，有了希望，未来才会更加辉煌。人类只有在不断实现自己美好理想的过程中，才能前进。"

7月29日，蒋风为"全国西部高师儿童文学与文化教学研讨会"召开题词祝贺："人们不了解生命力的意义，就无法理解包括儿童文学在内的儿童文化的价值。儿童是人类最伟大的生命力，文化则是生命力不可或缺的营养。儿童的未来能创造一切,儿童文学就是儿童创造力成长的驱动剂。随着社会进步,儿童与儿童文化都将有一个光辉灿烂的明天。"

8月,蒋风著《蒋风儿童文学论文选》,由接力出版社出版。

10月20日至22日,浙江师范大学举办蒋风80华诞暨中国儿童文学学科发展学术研讨会,校党委书记李鲁出席。此次会议专为庆贺浙江师范大学儿童文学学科创始人蒋风80华诞而举办,旨在回顾蒋风对儿童文学学科建设的历史贡献,总结儿童文学学科的历史与经验,探讨中国儿童文学学科发展的历史、现状与未来。

10月24日,蒋风为小豆芽文学社的小朋友题词共勉:"人活着总得不断学习,不断耕耘,让自己和别人都生活得更好。在生活的道理上,如果想获得成功,就要努力让每一次播种,都要有收获。"

11月27日至30日,全国师范院校儿童文学研究会第10届年会在南宁召开,蒋风应邀作学术报告。

12月8日至12日,马来西亚作家协会副主席张发来蒋风家访问。

2006年(82岁)

2月8日,蒋风为《念儿歌学画画》一书出版题词祝贺:"好的儿歌本来就是一幅美的画。它不仅能激发孩子的求知欲,还能引发孩子拿起画笔来涂几笔的兴趣和欲望。这就是不知不觉中受到的熏陶和感化,让他们在潜移默化中健康成长。当你翻开这本小书时,也许你只想收获一缕和煦的春风,可它却已给了你整个繁花似锦的春天了。"

3月8日，蒋风为延边朝鲜族儿童文学研究会成立大会题词祝贺："十年树木，创造一片绿荫的事业是美丽的。百年树人，塑造一个民族灵魂的事业更美丽。儿童文学是百年树人这一伟大事业中不可或缺的一环，也是最有希望的事业。"

3月24日至26日，由少年儿童出版社、浙江师范大学儿童文化研究院、儿童文学研究所联合举办的"儿童文学创作与创新论坛"在浙江师大举行，蒋风出席会议。

5月16日至18日，台东大学儿童文学研究所所长张子樟教授来访浙江师范大学，蒋风参加接待。

6月14日，蒋风为中山市三鑫双语学校新诗教学班的小朋友题词共勉："真正的诗永远是心灵的诗，永远是灵魂的歌。其实，她也永远是教育的旅伴。引导孩子们爱诗、读诗、写诗，能把孩子的心灵点亮，走向一个美好的未来。"

7月9日，蒋风在杭州江山疗养期间，撰文纪念中国著名儿童文学家陈伯吹诞辰100周年。

7月12日，蒋风应邀出席在苏州举办的"全国小诗人夏令营"。

8月9日，蒋风应邀出席由中共上海金山区委政府、中国作家协会儿童文学委员会联合举办的"陈伯吹与中国儿童文学发展暨陈伯吹先生诞辰100周年大会"，同时举办陈伯吹纪念馆揭幕仪式。

8月15日，蒋风为《小学生学习报》题词："向上的路／总是艰辛的／但即使流血流汗／也要走自己的路"。

8月21日至25日，"第2届世界儿童文学大会暨第8届亚洲儿童文学大会"在韩国首都首尔召开。会上，蒋风被授予唯一的"儿童文学理论贡献奖"。

同月，浙江教育出版社出版的金华市地方课程教科书《锦绣金华》编入《蒋风与儿童文学》专题，一直沿用至今。

9月12日，蒋风为浙江师范大学50周年大庆题词祝贺："我们走过来的路，有过风雨和泥泞，但阳光灿烂的明天已在招手，充满着希望。"

10月，浙江师范大学儿童文化研究院揭牌典礼在学校红楼举行，蒋风被聘为研究院名誉院长。

11月24日蒋风为浙江师范大学首届儿童文化节题词："只有一代比一代的人更聪明，时代才会前进。我们办儿童文化节的意义就在于此，让孩子们在不断进步和改善的环境健康地快乐成长。"

11月，《蒋风儿童文学论文选》获浙江省作家协会"2003—2005年度优秀文学作品奖"。

同月，蒋风为东阳巍山镇小学《风铃草》小诗报题词："你们像小草一样稚嫩，你们写的诗，却像风铃一样发出悦耳的声音。"

12月18日，蒋风为歌山文学社小作者题词共勉："文学的魅力在于作者对语言的掌握，要让每个字都能像利箭一样，一直射到读者的心坎上。"

12月28日，蒋风为永康龙川学校《小喜鹊》小小诗刊报创刊题词："本来就如诗一样美丽的孩子，在诗的熏陶下，定能变得更美丽。"

2007年（83岁）

1月，蒋风获第11届"国际格林奖"提名奖。

1月8日，蒋风为《语文世界》读者题词共勉："语文有时候能产生一种魅人的力量，但它的力量不在语文本身，在于它的应用。在使用一个漂亮的词语之前，就得给它找准一个位置。一个人掌握的语文知识越多，他去获取新的知识就越容易。"

1月25日，蒋风为《月牙船》小诗刊创刊题词："诗是美的，爱诗的孩子内心更美。"

同日，为《小豆豆》小诗刊创刊题词："诗有一种力量，能使得人变得更美。"

1月30日，蒋风为《儿童诗》小读者题词："诗是天真无邪的歌。它能使世间万物变得更美丽，它能使人的心灵变得更纯洁，它能使真善美的一切永垂不朽。"

3月，《蒋风儿童文学论文选》被评为"浙江省文学理论优秀著作奖"。

4月24日，蒋风为金华东孝小学《小百合》报题词："睁开好奇的眼睛／去看看周围的世界／你就会发现／你从未见过的世界"。

5月，蒋风将其个人藏书千余册捐赠给浙江师范大学国际儿童文学馆。

6月1日，浙江师范大学在红楼门厅举行隆重的"浙江师范大学国际儿童文学馆"开馆仪式，由蒋风和梅新林校长揭牌。蒋风受聘为第一任馆长。

同日，蒋风为延边朝鲜族儿童文学研究会成立10周年庆典题词祝贺："每一个明天都是希望／有希望才会充满歌声／每一个孩子都是希望／有希望才有灿烂的明天／为了孩子们的工作／是世界上最有希望的事业"。

6月6日，《光明日报》以整版篇幅刊发了该报记者叶辉的《蒋风：走在光荣的荆棘路上》。

7月22日至26日,"全国师范院校儿童文学研究会第11届年会"在河北保定白洋淀召开,蒋风作主题演讲。

7月30日,《中国日报》(英文版)第20版整版篇幅报道蒋风的儿童文学活动。

同月,蒋风获中国作家协会从事文学创作60年奖章、证书,获中国文联从事文学创作60年奖章、证书。

8月8日,蒋风为《读书郎》小作者、小读者题词共勉:"一个爱读书的孩子和一个不爱读书的孩子的明天,从来不是一个样子的。凡是爱读书的孩子,他的明天一定更加光辉灿烂。"

同日,蒋风为台州《飞翔》小读者题词共勉:"生命的花朵要有理想浇灌才能绽放,人生的道路须经努力才能展翅飞翔。"

8月21日,蒋风为"小叶笛诗社"小诗人题词共勉:"睁大你那双好奇的眼睛,你就会发现,周围有数不尽的美。"

9月10日,蒋风为"小桔灯诗社"小诗人题词共勉:"亮光能使人产生信心,小桔灯的光虽微又小,但在诗的熏陶下,成为年深月久的光,照亮自己一生的路。"

10月24日,蒋风为《小桔灯》小诗报创刊题词祝贺:"你还记得冰心老人的/那盏《小桔灯》吗?/我也要赠送给你们/一盏小小的《小桔灯》/让它微弱的光/永远亮在你的心头/永远照亮你的前程。"

10月28日,蒋风出席在厦门召开的东南亚华文文学研讨会,与台湾儿童文学家、诗人林焕彰相遇。

12月,蒋风为苍南灵溪第二小学《丑小鸭》小诗报题词:"金子在泥沙中也会闪闪发光。丑小鸭只要有信心,终有一天会变成白天鹅。"

本月，蒋风主编《中国儿童文学发展史》由少年儿童出版社出版。该书以蒋风主编的《中国现代儿童文学史》（河北少年儿童出版社，1986）和《中国当代儿童文学史》（河北少年儿童出版社，1991）为基础修订而成。该书共分8编，韩进增补第1编《中国儿童文学史前足迹》，同时负责第2编（1917—1927）到第7编（1966—1976）共6编的压缩修订工作。

2008年（84岁）

3月25日，日本大阪府拟拆除国际儿童文学馆，蒋风特发快递声援，申述国际儿童文学馆独立存在的必要性及其特殊作用和意义。

3月29日，中国小记者站金华分站一行20多人访问蒋风，蒋风在浙江师范大学儿童文化研究院接待小记者们，与他们共话儿童文学对孩子健康成长的意义和作用。

4月，创建蒋风儿童文学家庭文库——金华市少年宫流通站。

4月10日至13日，青岛出版社主办青岛笔会，特邀蒋风作为主持嘉宾。来自全国各地的儿童文学作家汤素兰、谢华、汤汤等20多人参会。

5月24日，蒋风参加在上海举办的中国福利会创建70周年系列活动。

5月27日，蒋风为"星语儿童诗社"小诗人题词共勉："让诗美从小在孩子们的心灵中活着。"

7月14日起，在苏州大学举行"2008全国儿童文学讲习会"，蒋风以及赵冰波、金波、樊发稼、梅子涵、王一梅等儿童文学家分别作主题报告。

7月15日，蒋风在宁波参加童诗节活动期间，《宁波晚报》

发表记者梅子满采访蒋风的专题报道《蒋风:我不赞成低龄化写作》。

8月29日,蒋风为"菊花少儿诗社"小诗人题词共勉:"如果我们没有在童年时代受到诗的熏陶,那就是莫大的遗憾。"

9月24日,蒋风接待台湾儿童文学作家、诗人林焕彰来访。

10月24日,蒋风为河南省儿童文学学会成立题词祝贺:"儿童文学——其实一向就是孩子成长的指南针。向执指南针者致敬,并为他们的学会成立祝贺。"

11月8日,蒋风在金华主持召开浙江省作家协会儿童文学创作委员会年会。

蒋风(左四)与浙江省作协儿委会的委员们合影

11月14日,蒋风为祝贺孙毅85寿辰暨从事儿童文学创作60周年题词:"把杯举起来/把歌唱起来/把舞跳起来/让我们为这位从春天走来的老顽童/祝贺85岁的寿辰/让我们为这位永葆青春风采的老作家/祝贺创作60周年的喜庆/生活尽管有数不尽的坎坷/笑容却从不会在路上消失/快乐是您永恒的人生哲学/愿您永远做一个老顽童／为孩子带来更多的快乐"。

11月20日至22日，应邀出席江苏海门儿童诗教学研讨会。

11月25日，应邀出席上海孙毅儿童文学创作研讨会。

11月28日，蒋风为"小精灵诗社"的小诗人题词："诗是一位快乐的小精灵，她会给你带来快乐的歌声。"

同日，为"小水滴诗社"小诗人题词："美是无处不在的，只要你善于发现。学会发现美——一滴小水滴，就是一首诗。"

本年，蒋风又向浙江师范大学国际儿童文学馆捐赠一批儿童文学图书资料。

2009年（85岁）

3月，蒋风应浙江苍南县教育局邀请，参加该县组织的文学名家进校园活动，并到该县小学讲儿童诗。苍南县教育局陪同蒋风去泰顺县访问他曾就读的国立英士大学旧址。

4月2日，蒋风为《中国童谣》创刊题词："童谣是诗的嫩芽，人生就从这里开始感受诗意的熏陶，并快乐健康成长。"

4月12日，蒋风为《小葵花》的小读者题词并祝贺"六一儿童节"："诗意地理解生活和周围的一切是美好的，希望《小葵花》每位小读者都能栖居在这个美丽的诗意世界中，快活成长，健康成长。"

5月，蒋风参加浙江师范大学杭州幼儿师范学校关于申报设置新专业——玩具专业的论证会。

6月6日，"第10届亚洲儿童文学大会"筹备会议在浙江师大儿童文化研究院红楼会议室召开。蒋风出席会议并提出一些建议。

7月，蒋风参加在浙江武义举行的第2届中国童诗节，并举办全国儿童文学讲习会暨非学历儿童文学研究生面授会。

9月5日，蒋风从《文艺报》获悉，中国作协将向从事文学创作60年的中国作协会员颁发荣誉奖章和证书。公布的名单中有蒋风。

9月10日，浙江师大党委书记梅新林教授来蒋风家祝贺教师节，并把浙江省人民政府为庆祝新中国成立60周年特制的一枚金色纪念章挂在蒋风胸前。

10月，《教学信息》2009年10月30日第44期刊出蒋风《在全国师范院校儿童文学研究会第12届年会上的讲话》。

12月1日，《金华日报》评选金华地区"60年60人——媒体人眼中最具影响力"名单公布，蒋风入选，出席庆典并获奖牌。

12月，蒋风著《蒋风爷爷教你学写诗》，由重庆出版社出版。

2010年（86岁）

1月，陈兰村教授著《蒋风评传》，由作家出版社出版。

同月，《浙江作家》2010年第1期发表孙昱的文章《追梦巨人——蒋风先生印象》。

4月，金华金师附小创建的中国童诗博物馆开幕，重点展出了艾青、蒋风、鲁兵、圣野4名校友的照片、著作及相关资料。

4月15日，蒋风出席在金华举行的艾青百年诞辰系列活动。

6月，蒋风奔波4年的金华市公益小书房终于在金华市青少年宫建立，蒋风在启动仪式上发表热情洋溢的讲话。

同月，蒋风因为对《中国民间文学集成》编写做出的贡献，被中国民间文艺家协会授予"中国民间文学集成突出贡献奖"。

8月11日，蒋风主持的第15届全国儿童文学讲习会在金华金师附小举行。

同月，蒋风著《悠悠文缘》，由台湾秀威资讯科技股份有限出版公司出版。

9月26日至30日，全国师范院校儿童文学研究会第12届年会在武汉召开，蒋风作为创会倡议人应邀在会上发言。

10月16日至19日，第10届亚洲儿童文学大会在浙江师范大学召开，蒋风在开幕式上致欢迎辞，并题词祝贺大会召开："今天的儿童，人类的明天。儿童文学是人生最早的教科书。全亚洲儿童文学工作者携起手来，为塑造人类新一代的灵魂而共同努力！"

11月，厦门城市学院创建闽台文学研究所，蒋风被聘为名誉所长，并应邀出席庆典。

11月6日，蒋风为闽台儿童文学研究所成立揭幕题词祝贺："为海峡两岸儿童文学交流发展搭桥铺路，为海峡两岸儿童文学共同繁荣开创新局面。"

11月14日，蒋风应邀出席在浙江师大红楼举行的"毛芦芦作品研讨会"。

2011年（87岁）

3月25日，蒋风为金华师范附小《小铃铛》诗刊创刊题词祝贺："只要你拿起笔／灵感就会在你的笔尖／时时闪现"

同月，蒋风主编的《玩具论》（修订版）获第2届中国出版政府奖。

同月，金华成立九峰文化研究院，蒋风被聘为院长。

5月10日，蒋风为《金华剪纸艺术》创刊5周年题词祝贺："一切艺术手段都是美的调料，剪纸为金华这座古老的城市增添了无限绚丽的美。"

同日，为"小苗苗诗社"小诗人题词共勉："在诗的熏陶下 /
播种明天的希望"。

5月15日，蒋风参加由浙江师范大学儿童文化研究院举办
的"圣野先生90寿辰暨儿童诗创作70年研讨会"并留影。参加
会议的作家、评论家有：韦苇、方卫平、周晓波、彭懿、刘保法、
谢采筏、谢华、萧萍、王亨良、雪野、毛芦芦、蒋荣贵、鲁守华等。

蒋风（前排右九）、圣野（前排右八）与参加研讨
会的师生合影

5月16日，蒋风为武义实验小学"滴答滴小诗社"成立题词
祝贺："来自心灵的小水滴 / 都是美的 / 滴答滴 / 滴在纸上都变成
诗"。同时为实验小学《小点点》报创刊题词："点在绿叶上的 /
都是美美的诗句 / 愿点在你们心上的 / 都是天天向上的力量"。

7月12日至15日，蒋风应邀出席在金华召开的中国童诗年会。

同月，蒋风主持的第16届全国儿童文学讲习会在金华举行。

同月，蒋风获全国师范院校儿童文学研究会、东北师范大学
联合颁发的"中国儿童文学发展贡献奖"。

8月28日，蒋风为厦门市松柏第二小学"翠笛诗社"小诗人

题词:"童年写的诗／是最美的诗／它是天真无邪的歌"。

9月25日,蒋风为"明招诗社"小诗人题词共勉:"对生活漠不关心的人／肯定写不出能打动读者心灵的诗"

10月,蒋风应邀赴厦门出席"海峡两岸儿童文学高峰论坛"。

10月21日,蒋风应绍兴教师之家邀请赴柯桥给全县语文教师作题为《小学语文教师的儿童文学素养》讲座。

11月,蒋风在《文学报》发表《儿歌也是诗——纪念2011年世界儿歌日》。

12月,蒋风荣获第13届"国际格林奖",成为获此殊荣的第一位中国人。

2012年(88岁)

1月4日,《文汇报》"近距离·人物"专版第364期以整版篇幅发表该版记者徐维欣专访《蒋风:60载播撒儿童文学火种》,后被《新华文摘》2012年第5期全文转载。

同月,被评为2011年度浙江情怀榜年度十大人物之一。

同月,蒋风著《寻梦之旅》,由上海三联书店出版。

2月,"蒋风儿童文学家庭文库"陆续在金华城乡流通阅览。

3月18日,蒋风应邀到武义壶山小学讲学。

3月27日,蒋风应邀到永康龙川学校与语文教师畅谈童诗教学。

3月28日,蒋风应浙江师大幼儿园邀请,为教师作儿歌讲座。

5月10日至11日,蒋风出席浙江省文艺评论家协会成立大会,被聘为顾问。

5月20日,蒋风出席著名儿童文学家金近在家乡浙江上虞举行的首届《儿童文学》金近奖颁奖大会。

6月1日，儿童节，蒋风为浙江师范大学幼儿园题词："人生从这里起步，迈好第一步，就能走向更美好的明天！"

同日，书赠北苑小学二（4）班小朋友："如果成长是一首歌。那么在你笔尖下流淌出来的每篇文章，都是生命中舞动的音符。"

7月16日，蒋风为山东《春芽》儿童文学创刊题词："春芽是生命力的象征/儿童文学是最有希望的事业"。

同月，蒋风赴广州出席中国童诗年会。

同月，蒋风主持的第17届全国儿童文学讲习会在金华举行。

8月，蒋风赴日本东京出席第11届亚洲儿童文学大会。

8月10日，蒋风为马来西亚儿童文学学会成立题词祝贺："儿童是我们的未来，在他们的身上寄托着我们的希望。儿童文学是儿童最早的人生教科书，用我们的笔，唤起他们对美好未来的憧憬。用我们成年人的心血和汗水，为儿童建设一个真善美的天地，让孩子们在美的熏陶下快乐健康成长。"

9月23日，蒋风在《文艺报》发表《在畈田蒋的那些日日夜夜》，纪念艾青百年诞辰。

同月，蒋风主编《外国儿童文学教程》，由浙江大学出版社出版。

10月，蒋风主编《小学生文库》(修订版)。

11月10日，"蒋风家庭文库流通站"浙江汤溪始发，为当地孩子的课外阅读增添亮色。

11月20日，蒋风写下《贺任溶溶兄90华诞》："博学英才任溶溶/一生笔耕为儿童/著作等身永不朽/松柏常青老寿翁"。同日，还有《贺孙毅兄90华诞》："九十老顽童/孙毅一艺翁/献身儿童剧/毕生为儿童"。

本年,蒋风儿童文学院被冰心作文大赛组委会授予文学创作基地的称号。

本年,日本《国际儿童文学纪要》2012年第25号全文刊发蒋风的《觉醒之路走向梦想的明天——中国儿童文学的过去、现在和未来》。

2013年(89岁)

2月14日,日本儿童文学作家鸟越信教授去世,蒋风作《清明时节悲痛忆鸟越》悼念。

3月15日,蒋风应艾青研究会邀请到该会诗歌创作班讲学。

4月25日,蒋风应武义实验小学邀请出席该校的读书节。

5月31日,金华金师附小"蒋风儿童文学工作室"成立。

6月1日,蒋风赴杭州出席新思维少年全国作文大赛浙江赛区颁奖大会。

6月,蒋风主编《幼儿文学作品选》,由郑州大学出版社出版。

6月28日,浙江《钱江晚报》"文脉——浙江文化名人访谈录"系列,用3个专版刊载《蒋风:童心仁爱》。

7月,蒋风主持的第18届全国儿童文学讲习会在金华举行。

8月,蒋风著《新编儿童文学教程》,由浙江大学出版社出版,这是蒋风此前在湖南人民出版社出版的《儿童文学概论》的修订本。同时,他主编了《外国儿童文学教程》相配套,作为儿童文学教材配套使用。

8月13日,蒋风赴合肥出席全国师范院校儿童文学研究会第13届年会。

8月，蒋风主编《幼儿文学》，由郑州大学出版社出版。

10月，蒋风著《光荣的荆棘路——蒋风文论集》，由接力出版社出版。蒋风编著《浙江民间剪纸艺术》，由人民美术出版社出版。

10月23日，蒋风为宾虹小学《小蜗牛的家》创刊题词祝贺："这是个花园般美丽的家/这是个童话般迷人的家/一年四季绚丽多彩/春夏秋冬诗意盎然"。

12月，蒋风著《序·序·序》，由郑州大学出版社出版。

2014年（90岁）

3月，蒋风捐出其2011年度"国际格林奖"全额奖金，在浙江师范大学设立"蒋风儿童文学理论贡献奖"，每两年评选一次，旨在鼓励从事儿童文学研究的学者，推动中国儿童文学事业的发展。

4月12日，蒋风赴浦江马良小学出席全国童话作文比赛颁奖大会。

4月19日，首届"蒋风儿童文学理论贡献奖"颁奖大会在浙江师大举行，著名学者刘绪源获得该奖，蒋风在颁奖大会上发言。

4月21日，金华《今日婺城》报刊发记者张苑采访《蒋风：亲子阅读的目的是让孩子与书终身结缘》。

同月，蒋风出席在金华市浦江县举行的《神笔马良》创作60周年纪念活动。

5月,蒋风主编的《新世纪的足迹——蒋风的儿童文学世界》，由安徽文艺出版社出版。

5月27日，蒋风向浙江师大婺州外国语学校捐书千册，成立"儿童文学馆"并出席赠书仪式。

6月,蒋风应海豚出版社社长俞晓群之邀主编《中国儿童文学经典怀旧系列丛书》(共4辑24种)。

8月,蒋风应邀出席在韩国举办的第12届亚洲儿童文学大会暨第3届世界儿童文学大会,被授予"亚洲儿童文学交流发展贡献奖"。

蒋风(左一)与亚洲儿童文学学会共同会长、韩国儿童文学学会会长李在彻教授(左三)等韩国代表团合影

9月18日,蒋风为巍山小学《芝山》报题词:"用诗歌为孩子种梦。"

9月26日,蒋风为常州新桥小学诗社题词:"让诗意情怀在孩子心中永驻。"

10月,蒋风赴杭州参加浙江省儿童文学年会。

10月8日,蒋风为艾青小学《小水滴》报创刊题词祝贺:"滴答、滴答……/滴答、滴答……/小水滴说:我要把脚下的石板滴穿/癞蛤蟆在檐下听到——/嘻嘻!你真会吹牛/小水滴不跟它争辩/滴答、滴答……/滴答、滴答……/我问爷爷:可能吗?/爷爷说:我问过我的爷爷/我的爷爷也问爷爷的爷爷/都说:也许可能吧/我走到滴水的石板上寻觅——/啊,已经有了一个个浅浅的水窝"。

10月11日,蒋风为著名儿童文学家金近百年诞辰题词缅怀:"在告别人世之后,仍能活在人们的记忆里,才是真正的伟人。"

10月26日,蒋风出席在浙江师大红楼举行的张炜作品研讨会。

11月2日，蒋风给《历史揭秘》的少年读者题词共勉："对历史的无知，往往会使我们咒骂自己的时代。"

同日，为《少年作家》的少年朋友题词共勉："学习写作没有捷径可走，要像蚕吃桑才吐丝、蜂采花才酿蜜一样，多读多练多思考，才能写出好文章来。"

同月，蒋风获第5届全国院校美术大赛特别贡献奖。颁奖词评价蒋风"在发展美术教育事业、传播民族优秀文化、引领中国美术创作方向等方面作出了突出贡献"。

同月，赴上虞参加金近百年诞辰活动。

12月5日，《文艺报》第4版刊发韩进的文章《蒋风：走在光荣的荆棘路上》。

本年，徐家麟编选的蒋风《题辞集》由九峰文化研究院印刷成册。

2015年（91岁）

4月22日，浙江电视台采访并拍摄关于蒋风的纪录片。

4月23日，世界读书日，蒋风向金华市博物馆捐出156件"传家宝"，有西泠印社首任社长王仁治赠送的木匾（汲古）、郑板桥木质对联、清代嘉庆年间的古籍《豫立轩文集》，有宣统元年的《黄小松山水册神品》……捐赠文物包括四大类：一类是蒋风祖父蒋莲僧的艺术藏品；二类是祖父使用过的生活物件；三类是祖父传下来的画册；四类是祖父珍藏的清代古籍。

4月27日，中央电视台邀请蒋风拍摄纪录片"英士大学"。

5月，蒋风倡议的金华市婺城区"八咏童心诗社"成立，蒋风受聘名誉社长。

7月29日，蒋风在金华主持第20届全国儿童文学讲习会。

9月，蒋风出席在浙江师大红楼举办的周翔作品研讨会。

10月，蒋风教授90周年华诞在浙江师大红楼举行，蒋风发表了热情洋溢的讲话，自称为"90后"。

10月，周晓波教授主编《筚路蓝缕：圆梦中国儿童文学事业——祝贺蒋风教授90华诞暨从事儿童文学事业七十周年纪念文集》，由浙江工商大学出版社出版。

11月，蒋风荣获第2届陈伯吹国际儿童文学奖2015年度"特殊贡献奖"。

11月5日，上海《新民晚报》用整版篇幅发表朱凌的长篇报道《蒋风：用一辈子诠释"爱的教育"》。

12月，蒋风著《儿童文学缀辑》，由浙江少年儿童出版社出版。

本年，蒋风儿童文学院被评为浙江省优秀校外社团。

2016年（92岁）

5月18日，蒋风出席在浙江师大红楼举行的桂文亚"思想猫"颁奖仪式。

6月23日，中国海洋大学文学院教授、儿童文学研究所所长朱自强荣获第2届蒋风儿童文学理论贡献奖。

7月27日，蒋风在金华主持第21届全国儿童文学讲习会，来自全国各地40余位儿童文学爱好者与会，蒋风作题为《谈谈诗和儿童诗》的讲座。

8月12日，第13届亚洲儿童文学大会在台湾台东大学召开。本次大会有来自中国、日本、韩国的200多名代表与会。大会接受蒋风先生提议，推举湖南师范大学教授、知名儿童文学作家汤素兰为亚洲儿童文学大会北京分会会长。儿童文学评论家、时代出版传媒股份有限公司副总经理韩进，湖南少年儿童出版社副社长、儿童文学编辑家吴双英为副会长。本次大会以"亚洲的儿童与童年的想象"为主题,韩国、日本、中国大陆及香港、台湾地区的40多家出版社参加了"华文原创童书展(2010—2016)"。新任北京分会会长汤素兰宣布第14届亚洲儿童文学大会于2018年在湖南长沙召开。

8月30日,全国哲学社会科学规划办公室下达立项通知,蒋风主编的《世界儿童文学事典》(修订本)被批准为2016年度国家重点课题。

9月,蒋风被评为浙江师范大学"最美老同志"。

11月1日至4日,全国首个地市级儿童文学创作培训班——金华市第1届儿童文学创作培训班隆重举行。蒋风应邀出席开班仪式并为学员讲课。

2017年(93岁)

2月22日,《中华读书报》刊发汪胜的文章《一颗童心到永远——记儿童文学理论大家蒋风》。

4月,汪胜编著的《五彩的春风化雨——蒋风和儿童文学讲习会》。由北京文艺出版社出版。

4月4日,蒋风出席在浙江师大举行的海峡两岸儿童文学学术论坛。

4月14日,《浙江日报》第10版发表记者李月红报道,《浙江当代作家影像志》拍摄完成,"抢救"式地记录浙江老作家群像,赓续浙江文脉,高扬文学理想。15位80岁以上老作家入选,蒋风在列。

4月18日至7月26日,"越地佛韵——金华万佛塔地宫文物出土60周年暨两浙佛教文化艺术特展"在金华市博物馆展出。

4月22日，蒋风来到金华市博物馆，给前来参观的小学生们讲述他与万佛塔的童年故事。

4月26日，希望出版社社长兼总编辑孟绍勇一行专程来蒋风家中商谈《世界儿童文学事典》(修订本)出版事宜。

5月3日至6日，蒋风出发去湖南长沙商讨2018年在长沙召开的第14届亚洲儿童文学大会相关筹备事宜，并应邀出席在长沙召开的2017年全国少儿图书交易会期间主办的中国少儿文学原创高峰论坛。

5月9日，蒋风出席在浙江师大红楼举行的程玮作品研讨会。

5月13日，蒋风整理发表过的作品，编成《童话谭》《童谣谭》《童诗谭》一套3本书稿，寄希望出版社出版。

7月14日，蒋风应中国新闻出版传媒集团邀请出席在苏州国际博览中心举办的"微笑彩虹关爱特殊儿童公益活动"，并被授予"微笑彩虹公益大使"称号。

9月20日，蒋风赴金华浦江出席纪念童话大师洪汛涛先生倡导"童话教育"30周年暨第2届全国小学童话教学研训活动，并发表题为《让童话教育走向更美的明天》主旨演讲。

9月27日，《中华读书报》刊发汪胜的文章《跨越大海、福泽儿童的文学情谊——记中日儿童文学理论家蒋风、鸟越信的君子之交》。

10月25日至27日，蒋风应邀赴泰顺出席"国立英士大学纪念馆开馆仪式暨国立英士大学文化研究座谈会"。

10月28日，蒋风应邀出席2017年金华市青少年社团文化节暨蒋风儿童文学馆揭幕仪式。

10月31日，《中华读书报》第14版发表汪胜的文章《〈世界儿童文学事典〉出版修订前后》。

11月14日，蒋风出席金华市婺城区海内外高层次人才联谊会成立大会，并被推选为联谊会副会长。

2018年（94岁）

1月8日，蒋风赴浙江武义"汤汤童话书屋"出席"浙江师范大学儿童文学实践基地"挂牌仪式。

4月19日至28日，蒋风到杭州创作之家休养。

8月17日至21日，蒋风赴湖南长沙出席第14届亚洲儿童文学大会并在开幕式上致辞。大会以"亚洲儿童文学的境遇及走向"为主题，同时举办4场专题论坛——"儿童文学论坛""出版产业论坛""图画书论坛""儿童教育研究论坛"。

9月25日至30日，中央电视台科教频道"人物·故事"栏目来金华蒋风家中拍摄《立德树人：蒋风》专题纪录片。

12月21日，浙江省社科联来电约写"学术活动自传"。

本年，蒋风儿童文学院被浙江师范大学授予儿童文学实践基地称号。蒋风儿童文学院倪早、方铃懿、李永睿、胡敏4位学员的征文在《小学生学习报》第20期"××罢工了"的"全国文学社擂台赛"评比中获得一等奖。

2019年（95岁）

1月18日14时55分，中央电视台科教频道首播《立德新人：蒋风》专题纪录片。

4月，汪胜著《走在光荣的荆棘路上——蒋风传》，由浙江工商大学出版社出版，作者自述为"了解蒋风那个生平与思想的必读本"。教育部"长江学者"、浙江师大人文学院教授、博士生导师高玉作《序》。中国作协副主席、中国报告文学学会会长何建明肯定这是一部"厚重的作品"。

4月14日,蒋风出席在武义县举办的童话节。

7月21日,蒋风参观良渚博物馆。

7月13日,浙江省金华市首届"十佳新锐儿童文学青年作家"颁奖典礼暨蒋风儿童文学馆(琐园站)挂牌仪式在金华市琐园国际研学村举行。蒋风发来贺信:"当我看到此次获奖的10名'十佳新锐儿童文学青年作家'名单,竟有8名与'蒋风书院'有密切的联系,6名是中国儿童文学研究中心的非学历儿童文学研究生,2名是全国儿童文学讲习会的讲师,这使我感到无比欣慰。……愿金华的儿童文学事业越来越兴旺发达,希望不久的将来,金华能建成全国唯一的儿童文学特色市。"

10月22日,中国教育电视台《读懂中国》栏目播出《蒋风》。

10月26日至27日,在武义举行首届"蒋风儿童文学青年作家奖"颁奖仪式,获奖者为蒙古族儿童文学作家格日勒其木格·黑鹤。

11月9日至10日,出席全国原创图画书理论建构及批评标准学术研讨会。

12月,蒋风主编《中国儿童文学史》,由复旦大学出版社出版。主编助理王洁、慈琪。蒋风作《序》。第一编《中国儿童文学的史前期》,作者杨宁、王洁;第二编《中国儿童文学的萌芽时期(1900-1927)》,作者李利芳;第三编《中国儿童文学的挫折期(1927-1949)》,作者崔昕平;第四编《中国儿童文学的新生期(1949-1959)》,第五编《中国儿童文学的迷茫期(1960-1966)》,作者刘绪源,第六编《中国儿童文学的空白期(1966-1978)》,吴丽丽、王洁,第七编《中国儿童文学的重建期(1978-1999)》,

作者韩进；第八编《中国儿童文学走向繁荣（1999-2016）》，作者谈凤霞、王黎君。

本年，金华市青少年宫"蒋风儿童文学院"举办的"冬日暖阳 为你读诗"视频征集活动。

本年，"我的航海梦"浙江省青少年主题征文比赛获奖名单揭晓，蒋风儿童文学院学员赵昱妍获小学中段组一等奖，陈韦伶获小学高段组二等奖，刘芷睿等同学分获三等奖及优秀奖。

2020 年（96 岁）

3 月 28 日，接韩国儿童文学学会会长金容熙书面通知，由于新型冠状病毒肺炎疫情的影响，原定于 2020 年在韩国大邱举办的第 15 届亚洲儿童文学大会将推迟至 2021 年 8 月举行。

6 月，蒋风、杨宁合著的《中国儿歌理论研究》由浙江工商大学出版社出版。

7 月 15 日，中央电视台科教频道《人物·故事》播出《永葆一颗童心：蒋风》。

10 月 18 日，蒋风及夫人卢德芳出席在武义城市展示馆举行的"第 4 届蒋风儿童文学理论贡献奖获奖学者研讨会"。王泉根教授荣获"第 4 届蒋风儿童文学理论贡献奖"。

10 月 26 日，蒋风非学历儿童文学班学员、小学教师、《教师月刊》特约访谈员吕群芳在金华丽泽花园蒋风寓所采访，长篇采访报道《蒋风：为孩子们的身心健康做一些事情》刊发在《教师月刊》"人物"专栏。

10 月 28 日，蒋风为采访他的《教师月刊》题词："我一辈子当教师（教过小学，也教过中学，更长时间在大学工作），感悟最深的一点是'教是第二次学'，只有在教学实践中不断地边教边学,才能做好教学工作。"

11月2日,发布第2届蒋风儿童文学奖(青年作家奖)评奖公告。为推动中国原创儿童文学发展,奖励在中国儿童文学创作方面取得杰出成绩的青年作家,在中国儿童文学研究会指导下,浙江师范大学与武义县人民政府将于2021年共同主办第2届"蒋风儿童文学青年作家奖"及获奖作家作品研讨会等活动。该奖每两年评选一次,逢单年评选,所提交的评选作品不分文体。评奖对象为从事儿童文学创作的中国作家,年龄在50岁以下(1972年1月1日后出生)。获奖者1名,奖金10万元。

11月2日,蒋风广发《关于设立蒋风儿童文学馆流通站的设想》,希望"蒋风儿童文学馆流通站"走出金华,走向更广的社会,为儿童阅读提供更多机会和更好环境。

11月30日,蒋风发起倡议,在金华市开发区汤溪镇白鹤殿口村创建一个"儿童文学特色小镇",先建20家"儿童文学作家书屋"。

2021年(97岁)

1月2日,蒋风给浙江师范大学人文学院2020年新发展预备党员师生讲党课。

2月22日,香港田家炳基金会秘书处发函蒋风,信中写道:"我们十分敬佩您在儿童文学领域为中国教育作出的巨大贡献。"

4月17日,第2届"蒋风儿童文学青年作家奖"颁奖仪式在"温泉名城·童话之乡"武义举行。来自江苏的女警作家韩青辰获奖。

6月26日,蒋风主编《中国儿童文学史》学术研讨会在浙江师范大学图文信息中心7楼报告厅举行。蒋风出席并致辞。参加研讨会的有复旦大学出版社副总编辑兼学前教育分社社长张永彬、浙江省社科联科普处处长王三炼、浙江师大学术委员会专职副主任高玉、社科处处长冯昊青等。浙江师大副校长潘慧炬致欢迎辞。研讨会由浙江师范大学主办,浙江师范大学人文学院、浙江师范大学儿童文学研究中心承办,人文学院院长葛永海担任主持。来自全国高校的30余位儿童文学专家、学者出席会议并做主题发言。

8月21日至22日,由韩国大邱市举办的第15届亚洲儿童文学大会,因为新冠疫情影响,采取线上视频会议方式举行。大会主题为《带给儿童幸福的亚洲儿童文学》,围绕童诗童谣、儿童文学、绘本、儿童教育及出版等问题,共有35位专家学者发表论文。蒋风第一个发表视频演讲。

12月16日,蒋风给《蒋风评传》作者韩进写信,对作者寄送审读的书稿表示肯定,写道"《评传》初稿发过来部分,我都认真读了一遍,写得还是好的";"今再理一部分复印资料和一些你初稿上缺的内容,还有大事记等内容,《我与儿童文学70年》一文也发给你参考"。同时,蒋风对曾祖父、祖父祖母、父母的生卒年月,以及自己的出生时间给出了准确的信息,其中蒋风自己的生日确认为1925年10月8日,农历八月二十一。

12月17日,第5届"蒋风儿童文学奖"(理论贡献奖)揭晓,获奖者为山东师范大学教育学部学前教育学院院长、教授、博士生导师杜传坤。此前4届获奖者分别为刘绪源、朱自强、韦苇、王泉根。

2022年(98岁)

3月1日,浙江师范大学儿童文学研究中心发文《97岁的蒋风再度梦圆》,报道蒋风已经将《世界儿童文学事典》(修订本)

的样稿发给了希望出版社，静待出版佳音。

3月3日，香港"名师名家名人坛"发表李远荣文章《扬威国际的儿童文学家蒋风教授》。

6月，"蒋风论儿童文学"系列3种图书，包括《童谣谭》《童话谭》《童诗谭》，希望出版社出版。

8月5日，浙江师范大学儿童研究中心官网发布"第三届蒋风儿童文学奖（青年作家奖）评奖公告，浙江师范大学与武义县人民政府将于2023年共同主办第三届蒋风儿童文学奖（青年作家奖）及获奖作家作品研讨会等活动。即日开始申报，获奖者1名，奖金10万元。

9月16日至19日，第27届全国儿童文学讲习会在金华举行，蒋风亲临现场致辞："我一个98岁的老朽，一接触到儿童文学，力量就来了，心态堪比"90后"。我从事儿童文学70年的感悟是：儿童文学有希望，为儿童文学创作就是为未来工作。我相信讲习会会越办越好，我也希望讲习会能够再坚持10年、20年，可以培养出更多的儿童文学作家。"

二、蒋风主要著作年表

1. 《浙东戏曲窗花》，蒋风编，北京朝花美术出版社，1954
2. 《金华民间剪纸选》，蒋风编，上海出版公司，1955
3. 《中国儿童文学讲话》，蒋风著，江苏文艺出版社，1959
4. 《鲁迅论儿童教育和儿童文学》，蒋风编，少年儿童出版社，1961
5. 《儿童文学丛谈》，蒋风著，湖南人民出版社，1979

6.《我与儿童文学》，蒋风编，浙江师范学院中文系印行，1980

7.《小学生古诗选》，蒋风等选注，福建人民出版社，1980

8.《智慧的花朵》，蒋风等，广西人民出版社，1980

9.《外国谚语选》，蒋风编，湖南人民出版社，1981

10.《儿童文学概论》，蒋风著，湖南人民出版社，1982

11.《儿童文学概论》，蒋风等著，四川少年儿童出版社，1982

12.《中国少数民族谚语选》，蒋风、王慈编，湖南少年儿童出版，1982

13.《鲁迅论儿童读物》，蒋风、潘颂德著，陕西人民出版社，1983

14.《中国传统儿歌选》，蒋风编，广西人民出版社，1983

15.《中国创作儿歌选》，蒋风编，广西人民出版社，1984

16.《儿童文学漫笔》，蒋风著，贵州人民出版社，1985

17.《民间谚语集》，蒋风、王慈编，浙江文艺出版社，1985

18.《中国现代儿童文学史》，蒋风主编，河北少年儿童出版社，1987

19.《儿童文学概论》(维吾尔文)，蒋风著，新疆人民出版社，1987

20.《中国汉族谚语选》，蒋风编，湖南文艺出版社，1987

21.《中国儿童文学大系·理论卷（一）》，蒋风主编，希望出版社，1988

22.《中国儿童文学大系·理论卷（二）》，蒋风主编，希望出版社，1988

23.《中国传统儿童选》，蒋风编，台湾富春文化公司，1989

24.《中国儿童文学大系·诗歌卷（一）》，蒋风主编，希望出版社，1990

25.《中国儿童文学大系·诗歌卷（二）》，蒋风主编，希望出

版社，1990
26.《世界著名童话鉴赏辞典》，蒋风主编，江苏少年儿童出版社，1990
27.《新编文史地辞典》，蒋风主编，浙江人民出版社，1990
28.《儿童文学辞典》，蒋风编委之一，四川人民出版社，1991
29.《中国当代儿童文学史》，蒋风主编，河北少年儿童出版社，1991
30.《世界儿童文学事典》，蒋风主编，希望出版社，1992
31.《儿童文学教程》，蒋风主编，希望出版社，1993
32.《中国谚语集成·浙江卷》，蒋风主编，中国ISBN中心，1995
33.《玩具论》，蒋风主编，希望出版社，1996
34.《中国儿童文学史》，蒋风、韩进著，安徽教育出版社，1998
35.《海外鸿爪录》，蒋风著，希望出版社，1998
36.《儿童文学原理》，蒋风主编，安徽教育出版社，1998
37.《未圆的梦》，蒋风著，国际文化出版社，1999
38.《幼儿文学作品选读》，蒋风主编，东南大学出版社，1999
39.《幼儿文学教程》，蒋风主编，东南大学出版社，1999
40.《儿童文学史论》，蒋风著，希望出版社，2002
41.《幼儿文学概论》，蒋风主编，希望出版社，2005
42.《蒋风儿童文学论文选》，蒋风著，接力出版社，2005
43.《儿童文学理论与实践》，蒋风主编，复旦大学出版社，2007
44.《中国儿童文学发展史》，蒋风主编，少年儿童出版社，2007
45.《蒋风爷爷教你写诗》，蒋风著，重庆出版社，2009
46.《悠悠文缘——蒋风文坛回忆录》，蒋风著，台湾秀威资讯科技股份有限公司，2010

47.《中国原创童话系列》，蒋风主编，湖北少年儿童出版，2010

48.《玩具论》(修订版)，蒋风主编，希望出版社，2010

49.《中国儿童文学经典怀旧系列丛书》，蒋风主编，海豚出版社，2012

50.《寻梦之旅》，蒋风著，上海三联书店，2012

51.《外国儿童文学教程》，蒋风主编，浙江大学出版社，2012

52.《小学生文库》(修订版)，蒋风主编，海豚出版社，2012

53.《幼儿文学作品选》，蒋风主编，郑州大学出版社，2013

54.《新编儿童文学教程》，蒋风著，浙江大学出版社，2013

55.《幼儿文学》，蒋风主编，郑州大学出版社，2013

56.《序·序·序》，蒋风著，郑州大学出版社，2013

57.《光荣的荆棘路——蒋风文论集》，蒋风著，接力出版社，2013

58.《浙江剪纸艺术》，蒋风编著，人民美术出版社，2013

59.《新世纪的足迹——蒋风儿童文学世界》，蒋风主编，安徽文艺出版社，2014

60.《题辞集》，蒋风著，九峰文化研究院，2015

61.《儿童文学缀辑》，蒋风著，浙江少年儿童出版，2015

62.《蒋风爷爷教你学写诗》(修订版)，蒋风著，浙江工商大学出版社，2018

63.《中国儿童文学史》，蒋风主编，华东师范大学出版社，2018

64.《中国儿童文学史》，蒋风主编，复旦大学出版社，2019

65.《儿歌论：中国儿歌理论研究》，蒋风、杨宁著，浙江工商大学出版社，2020

66."蒋风论儿童文学"系列3种图书,包括《童谣谭》《童话谭》《童诗谭》，蒋风著，希望出版社，2022

三、蒋风主要获奖年表

1. 1981年,浙江省人民政府授予"优秀少年儿童工作者"称号。

2. 1984年,专著《儿童文学概论》获得1978–1982年浙江省社会科学优秀成果一等奖。

3. 1985年5月,浙江省作家协会表彰从事儿童文学工作30年的吕漠野、蒋风等18人。

4. 1988年11月,专著《儿童文学概论》获全国首届儿童文学理论评奖优秀奖。

5. 1988年11月,主编《中国现代儿童文学史》获全国首届儿童文学理论评奖优秀专著奖。

6. 1989年,主编《中国现代儿童文学史》获浙江省哲学社会科学二等奖。

7. 1991年11月,主编《中国儿童文学大系·理论卷》获第5届中国图书奖二等奖。

8. 1993年8月,主编《世界儿童文学事典》获第3届冰心优秀儿童图书奖。

9. 1993年12月,获曾宪梓1993年度高等师范院校优秀教师三等奖。

10. 1994年《儿童文学教材建设及人才培养》(主持项目)获浙江省教委1994年度教学研究成果一等奖。

11. 1997年8月,荣获亚洲儿童文学共同副会长推戴奖。

12. 1997年12月,在《中国民间文艺集成》(国家艺术科学研究项目)浙江省市县编纂工作中成绩突出,获先进工作者。

13. 1999年6月，获台湾第8届杨唤儿童文学奖特殊贡献奖。

14. 2000年7月，获台湾第6届小白屋幼儿诗荣誉奖。

15. 2003年10月，获第6届宋庆龄儿童文学奖特殊贡献奖。

16. 2004年5月，获浙江省人民政府第5届鲁迅文艺奖突出成就奖。

17. 2004年12月，获浙江省关心下一代工作委员会"浙江省关心下一代工作先进个人"。

18. 2004年8月，获亚洲儿童文学学会共同会长推戴奖。

19. 2005年1月，获第10届国际格林奖提名。

20. 2005年6月，获中国关心下一代工作委员会"全国关心下一代先进工作者"。

21. 2006年8月，获第2届世界儿童文学大会暨第8届亚洲儿童文学大会儿童文学理论贡献奖。

22. 2006年11月，《蒋风儿童文学论文选》获浙江省作家协会"2003-2005年度优秀文学作品奖"。

23. 2007年1月，获第11届国际格林奖提名。

24. 2007年7月，获中国作家协会从事文学创作60年奖章证书。

25. 2007年7月，获中国文联从事文学创作60年奖章证书。

26. 2009年11月，获《金华日报》60年60人——金华媒体人眼中最具影响力人物奖。

27. 2010年6月，获中国民间文艺家协会在《中国民间文学集成》工作中成绩突出贡献奖。

28. 2011年13月，主编《玩具论》（修订版）被评为第2届中国出版政府奖。

29. 2011年7月，全国师范院校儿童文学研究会、东北师范大学联合颁发中国儿童文学发展贡献奖。

30. 2011年11月，荣获第13届国际格林奖。

31. 2012年1月，被评为浙江情怀榜2011年度10大人物之一。

32. 2014年8月，第3届世界儿童文学大会授予"亚洲儿童文学交流发展贡献奖"。

33. 2014年11月，第5届全国院校美术大赛组委会授予美术教育特殊贡献奖。

34. 2015年11月，获第2届陈伯吹国际儿童文学奖"特殊贡献奖"。

35. 2016年9月，被评为浙江师范大学"最美老同志"。

36. 2018年5月，入选中宣部"首批哲学社会科学界德业双馨专家学者"。

37. 2021年七一前夕，入选《光明日报》建党百年"知识分子党员风采"。

四、主要参考书目

一、蒋风著作：
蒋风主要著作年表所列书目
二、蒋风研究资料
1. 周更武主编. 守望的情结——蒋风的儿童文学世界[C]. 香港：新天出版社，2005.
2. 陈兰村. 蒋风评传[M]. 北京：作家出版社，2010.
3. 周晓波主编. 筚路蓝缕：圆梦中国儿童文学事业——祝贺

蒋风教授90华诞暨从事儿童文学事业70周年纪念文集.杭州：浙江工商大学出版社，2015.

4. 汪胜.蒋风传——走在光荣的荆棘路上[M].杭州：浙江工商大学出版社，2019.

5. 何增光主编.浙江师范大学史（上中下）[M].上海：上海三联书店，2006.

后记

蒋风评传

一

　　这部学生为导师写的评传,源于10年前导师布置的"作业"。说来愧对恩师,因为种种原因,断断续续写了八九年,直到最近两三年才得以全力以赴,如今到了不得不交稿的时间,心里仍然忐忑不安,对这份"作业"的完成度不怎么满意,感觉还应该写得更好些。

　　话说10年前,2012年底,蒋风导师来信告诉我,2013年8月将来合肥召开全国师范院校儿童文学研究会年会,邀请我做这届年会的学术顾问,协助年会主办方合肥幼儿师范学校,做好会议安排和接待工作。导师来我工作所在地合肥开会,我自然非常开心,协助做好会务更是我应该做的。蒋风导师在信中又说了一件事,有家出版社有兴趣出版一部《蒋风评传》,导师觉得我写很合适,希望我能答应。导师能想到我,我当然开心,可要给导师写评传,学生没有底气,又不敢说,也有些私心,舍不得失去报答师恩的机遇,就这样迷迷糊糊地答应了下来。

一日为师终身为父,学生本没有资格评说导师的,妄议导师是大不敬,但导师布置的作业又不能不做,不听导师的话是大不敬。同时我心里也在自我安慰,导师说我合适,也不是没有理由,我从1982年在大学读书期间给蒋风导师写信,表示要报考他的儿童文学硕士研究生,至今整整40年了,而且这期间一直没有中断过联系,先是考研,再是读研,毕业后又一直在导师带队下,参与导师主编的《中国儿童文学史》《儿童文学原理》《世界儿童文学事典》《玩具论》等多种著作的编撰工作。导师对学生非常关爱,有写作的机会都想到带我一起;我对导师由衷敬仰,有一颗随时报答导师的感恩之心。像我们这样40年如一日的师生情谊,也许还不是很多见的,这也是我的荣幸。可待到动起笔来,我还是犹豫胆怯,担心自己对导师了解不够、理解不深,写不好平凡又伟大的导师形象,反而遮蔽了导师的崇高与光辉,辜负了导师的信任与希望。

2013年,我受导师之托,从导师寄来的百万字报刊资料中,编选了一部70万字的资料性文集,记录自2000年新世纪以来到2013年14年间有关"蒋风与儿童文学"的研究评论、重大事件、活动报道、回忆文章等175篇,取书名为《新世纪的足迹——蒋风的儿童文学世界》,由安徽文艺出版社2014年5月出版。编选这部资料文集的动机有二,一是学生为导师做点实事;二是为自己写《蒋风评传》搜集素材。我写了一篇2万字的《追随蒋风先生30年》的编后感作为《代序》,放在书前,其中写道:"通读先生的书稿材料,一次次被先生老骥伏枥的奉献精神所震撼,一次次为先生对儿童的热爱和儿童文学的激情所感染,一次次激发起创作一部《蒋风评传》的强烈愿望,以一个学生的眼光,交一份'作业',真实记录先生的儿童文学人生,弘扬光大先生的儿童文学精神。"

二

在大量阅读资料的过程中,我注意到蒋风导师的儿童文学人生有三个关键词:童年、大学、在人间。

一是"童年"。蒋风的文学启蒙在童年,母亲教他读唐诗宋词和小学数学老师斯紫辉给学生讲《爱的教育》故事,在他幼小的心田播下文学的种子,此后,老师又推荐他读了高尔基的自传体"三部曲":《童年》《在人间》《我的大学》。二是"大学"。蒋风在大学工作,而"大学"对于蒋风的儿童文学人生有决定性影响——蒋风是在大学期间看到《申报》上的报道,有三个学生读了荒诞不经的儿童读物,结伴到峨眉山学仙成道,发生了飞崖而死的惨剧,让他痛切地感受到儿童读物对儿童成长的重要影响,于是决定从事儿童文学事业;蒋风一辈子工作在大学,主要做一件事——从事儿童文学教学与研究。三是"在人间",蒋风离休后,虽然离开了大学儿童文学讲台,却继续从事儿童文学事业。"莫道桑榆晚,为霞尚满天",蒋风以"90后"的心态,坚定地走在儿童文学大道上,燃烧自己,照亮别人。简言之,蒋风的儿童文学人生可以划分为"三个时代":(一)童年时代(1925-1942),18岁以前,也是上大学以前的人生初期;(二)大学时代(1943-1994),包括大学读书时期和大学教书时期,也是从上大学、大学毕业工作到在大学离休的50年;(三)退休时代,1995年至今。

在阅读蒋风导师的资料过程中,我发现对蒋风一生影响最大的文学读物是高尔基的自传体"三部曲":《童年》《在人间》《我的大学》。

在小学阶段,教数学的斯紫辉老师不仅给学生讲了意大利儿童文学家亚米契斯的《爱的教育》故事,还给蒋风推荐阅读了苏联社会主义儿童文学奠基人高尔基的代表作——自传体"三部曲"《童年》《在人间》《我的大学》。在青少年时期,蒋风成为思想先进的"小先锋队员",受到了从延安来金华做地下工作的党员汤叔叔的引导和影响,蒋风在汤叔叔那里又一次读到了高尔基的《童年》《在人间》《我的大学》,高尔基的顽强意志和奋斗精神对蒋风性格的形成产生了深远影响,以至75岁高龄的蒋风,1999年在给孩子们写传记故事时,情不自禁地以《童年》《我的大学》《在人间》为题,写了一组散文体回忆录,收入黑龙江少年儿童出版社的丛书里。同年,蒋风又将其郑重地收入自选散文集《未圆的梦》,由国际文化出版公司出版。《童年》写1942年18岁以前的童年生活,《我的大学》写1942年报考东南联大到1947年英士大学毕业的大学求学时代,《在人间》写1947年走出校门进入社会工作直到退休后写这组回忆文章的1999年。很显然,蒋风导师是借用高尔基自传体"三部曲"的作品名来给自己的人生做总结的。这给我启示,我苦思冥想的《蒋风评传》的叙述结构不是有了吗?

这就是这部《蒋风评传》由三部分组成,又以《童年》《我的大学》《在人间》命名的由来和用心。第一部《童年》保证了蒋风导师在《童年》散文中所述童年时代的完整性。第二部《我的大学》包括蒋风导师在《我的大学》散文中所述在国立英士大学求学的完整的大学生时代,同时又包含蒋风导师《在人间》散文中所述在浙江师范大学(含浙江师范学院)教书育人的完整的教师（校长）生涯。第三部《在人间》从蒋风导师《在人间》散文中所述离休生活开始，直至笔者写作这部评传的今天，保证了蒋风导师离休后完整的老年时代。希望这样的结构布局能够简洁明了又高度概括地反映蒋风导师的儿童文学人生，能够讲清楚蒋风导师"为儿童文学而生"的宏大气象。

三

这部《蒋风评传》是一份得到了导师亲自审定并充分肯定的"作业"，突出的特点是资料性、纪传性、研究性、情感性，因而是有关蒋风研究和中国儿童文学研究的重要成果，对研究中外儿童文学交流史、浙江师范大学校史也有重要参考价值。这部《蒋风评传》是我的第三部评传类作品，此前《陈伯吹评传》《高士其评传》（均为2005年出版）也是由希望出版社出版并获得中华优秀出版物奖、安徽省哲学社会科学著作奖，非常感谢希望出版社在我从事儿童文学研究和创作过程中给予的鼓励和支持。我与希望出版社的缘分也是蒋风导师给予的，我是导师主编的《世界儿童文学事典》（1992）、《儿童文学原理》（1993）、《玩具论》（1996）、"中国著名儿童文学作家评传丛书"（2005）等著作者之一。2018年还出版了我的第一部原创儿童文学童年小说《杜鹃花开》，丰富了我单一的儿童文学理论研究，也让我成为一名名副其实的儿童文学作家，这也让我对希望出版社有一份特殊深厚的感恩之心。这次给蒋风导师写的评传仍然由希望出版社出版，我很开心，很感激。我也是一名少儿文学工作者，从事儿童文学出版职业30年，深知出版理论著作需要多远的眼光、多大的气魄、多少的投入，但希望出版社建社以来始终坚持把儿童文学学术出版作为立社根基之一，出版了一系列在中国出版史和中国儿童文学发展史上具有里程碑意义的作品，如"中国儿童文学大系（25卷）"《世界儿童文学事典》《玩具论》等，我以一位出版同行和儿童文学学者的双重身份，向希望出版社致以崇高的敬意，希望出版社是名副其实的中国少儿出版的希望，也寄托着中国儿童文学发展繁荣的希望。

2022年3月12日植树节于合肥天鹅湖畔书香苑
2022年国庆节校改于紫湖凤栖湖畔